厚底シューズ時代の

新・体幹ランニング

金 哲彦

TETSUHIKO KIN

KODANSHA

はじめに

厚底シューズ時代にこそ「体幹ランニング」が必要な理由

私が直近でサブ３を達成したのは、51歳のとき。９年前の２０１５年のことでした。還暦を迎える２０２４年、サブ３に挑戦しましたが、怪我の影響もあり、あと一歩及びませんでした。

２００５年のときのタイムは2時間57分。国内年齢別マラソンタイムランキングでは70位前後だったと記憶しています。

ところが、２０２４年だと51歳では2時間52分のタイムでもランキングは99位。2時間57分では、１００傑のはるか圏外へと押し出されてしまいます。この傾向は他の年代でも等しく見受けられます。

この差はどこにあるのでしょうか。

負け惜しみを言うようですが、日本の市民ランナーたちのフィジカルが何の理由もなくレベルアップしたわけではないと思います。この高速化の原動力になっているのは、道具の進化。

そう、厚底シューズの登場です。

厚底シューズが世の中にデビューしたのは２０１７年のこと。その恩恵をはじめに受けたのは、国内外のトップ選手たちでした。

男子マラソンの世界新記録は次々と更新されました。２０１９年には、厚底シューズを履いたエリウド・キプチョゲ選手（ケニア）は、非公式ながら人類の夢だった「フルマラソン2時間の壁」を破ることに成功しています。女子マラソンでも、長年破られなかったポーラ・ラドクリフ選手（イギリス）の記録が16年ぶりに更新されて以降、世界記録はじわじわとサブ10（2時間10分切り）に近づいています。

日本の大学や実業団の駅伝選手たちも厚底シューズを履くのが当たり前になり、近年の駅伝レースの高速化に拍車がかかるようになりました。

着用する選手たちが好記録を連発するにつれて、市民ランナーの間でも厚底シューズの人気は徐々に高まりました。いまではランニングシューズ＝厚底シューズといっても過言ではないほど。薄いソールのランニングシューズを探すことはかなり難しくなっています。

市民ランナーもこぞって厚底シューズを履くようになり、それが市民マラソンの世界にも高速化の波を巻き起こしているのです。

ただし、光が強くなると、影も濃くなるものです。厚底シューズで好記録を連発するランナーがいる一方、故障に泣かされているランナーも少なくありません。

厚底シューズは従来の薄底シューズより反発力の高いのが最大の特徴。それは諸刃の剣であり、**うまく使えばストライド（歩幅）が伸びてタイムも速くなりますが、上手に使いこなせないと強烈な反発力が仇となり、故障の誘因となってしまう**のです。

厚底シューズでは、記録更新といった明るい面ばかりにスポットライトが当たりがちですが、長年市民ランナーを指導してきた私はその暗い面にも目を向けざるを得ませんでした。どうしたら厚底シューズで故障に泣く市民ランナーを一人でも多く減らせるか。そのことをずっと考えてきたのです。

そのための処方箋を得るきっかけとなったのは、冒頭のチャレンジのために厚底シューズで本格的なマラソントレーニングを再開したこと。1年半ほど徹底的に履き倒し、さまざまな体感と発見がありました。

その気づきをギュッと凝縮して、市民ランナーが厚底シューズで安全に自己ベストを出せるための〝教科書〟としてまとめたのがこの一冊です。

まず大切なのは、私が長年提唱してきた「体幹ランニング」が本当にできているかをもう一度確かめてみること。**体幹がしっかり使えない限り、厚底シューズは使いこなせない**からです。

加えて指摘しておきたいのは、筋トレやストレッチといった補強トレーニングの重要性です。

これまでもランナーには練習以外にもトレーニングを推奨してきましたが、厚底時代のいまや、それは選択科目ではなく必修科目になりました。**厚底で走るなら、トレーニングは欠かせない**のです。事実、大学駅伝で厚底シューズを使いこなして好成績を上げている各チームは、厚底シューズの効果を最大限に引き出しながら、故障を減らすためのトレーニングに多くの時間を割いています。

本書の構成は次のようになっています。

第1章では、厚底シューズとランニングの関わりについて解説します。

第2章では、厚底シューズのメリットを高め、デメリットを抑えるトレーニングを紹介します。

第3章では、体幹ランニングについてあらためておさらい。

第4章では、走力を上げるために必要な練習と、その組み立て方を紹介。

そして最後の第5章では、サブ4、サブ3・5、サブ3という目標タイム別のマラソン練習メニューを公開します。練習ごとに、走る距離や目安のタイム設定をし、シューズはカーボンプレート入りにするかカーボンプレートなしにするかを明記したのが特徴です。書き込み式なので、トレーニング日誌としても活用できます。

走力アップや自己ベスト更新を目指して頑張る市民ランナーのために、本書が大きくお役に立てることを祈っています。

2024年秋　金 哲彦

CONTENTS

第3章 厚底シューズ時代の体幹ランニング

CONTENTS

第5章 サブ4・サブ3・5・サブ3 目標タイム別 書き込み式14週間メニュー

おわりに

第1章

厚底シューズでランニングはこう変わった！

厚底シューズを履くとなぜ速くなる？

厚底で、ランニングの燃費がよくなる！

「はじめに」で触れたように、厚底シューズを履いて正しいフォームで走ると、トップランナーから市民ランナーまで、軒並み記録が伸びます。

それはなぜでしょうか。

現在につながる厚底シューズを世界で初めて開発したのはアメリカのナイキ社でした。

ナイキ社は、自社製品を含めた既製のランニングシューズと比べて、ランニングエコノミー（走りの経済性）が４％向上することを宣伝文句として大きく掲げており、２０１７年発売の商品名にもそれを反映しました。

ランニングエコノミーとは、ある速度で走ったときの体重１kgあたりのエネルギー消費量のこと。自動車で喩《たと》えるなら、燃費のようなものです。

燃費のよい自動車ほど、同じエネルギーで長く走れるように、ランニングエコノミーが高いランナーほど、マラソンのような長い距離を最初から最後までスピードを落とさずに走り切ることができます。

カーボンプレートの反発力で歩幅が伸びる

厚底シューズでランニングエコノミーが改善する最大の理由は優れた反発力にあります。

厚底シューズは、反発力が高

厚底シューズ　　これまでのシューズ

厚底がストライドの伸びをサポート

ストライドを伸ばすには、脚筋力が必要だったのがこれまでのシューズ。一方、厚底シューズの反発力により、自然に1歩のストライドが伸びる。加齢などで脚筋力が落ちてストライドが伸びにくいベテランランナーには、厚底シューズは救世主と言える。

く（そのメカニズムは20ページで詳述します）、ランナーの1歩あたりのストライドが自然に伸びます。

この〝自然に〟というのがミソ。**頑張ってストライドを伸ばそうとするとフォームが崩れて無駄な力を使うため、ランニングエコノミーは低下します。**

私の経験でも、厚底シューズを履いて自分のリズムで走ると、ストライドが5〜10㎝伸びる実感があります。

ランニングのスピードを決めているのは、ストライド×ピッチ（回転数）。仮にピッチが同じでも厚底効果でストライドが伸びると、タイムは速くなるのです。

キロ5分のランナーならフルのタイムが10分短縮

ここでちょっと机上の計算をしてみましょう。

たとえばストライドが1mだとするなら、フルマラソンでは約4万2000回着地します。

そのストライドが仮に5㎝伸びるだけでも、フルマラソンの距離が約2・1㎞短くなったのと同じ効果が得られます。

キロ5分のランナーなら、これでタイムが10分速くなるという計算が成り立ちます。

厚底シューズでランナーが高速化している背景には、このような変化が関わっていると考えられるのです。

厚底シューズで走ると何が起こる?

接地時間が短くなりランエコが向上する

厚底シューズで走っているエリートランナーたちは、軽快に飛び跳ねるように走っているイメージがあります。

その背景にあるのは、**接地時間の短さ**。

通常、マラソンのような長距離ランナーの1歩あたりの接地時間は0・2〜0・3秒ほど。速く走ろうとするほど、接地時間は短くなる傾向があり、短距離ランナーの接地時間はその半分ほどになります。

厚底シューズは接地時間にどのような影響を与えるのか。早稲田大学スポーツ科学学術院の鳥居俊教授の調査によると、薄底と比べて厚底シューズで走るときには接地時間が約3%短くなっていたそうです。カーボンプレートだと自然と速く走れるからでしょう。接地時間が短くなるほどエネルギー消費量は減り、ランニングエコノミーの向上に寄与します。

足に衝撃が集中的に加わる

他方、一度に身体にかかる衝撃はそれだけ増えます。**反発が大きいぶん、正しく着地できないとダメージが足腰に蓄積する**からです。

またソールが厚くなるほど、足裏と接地面との距離は広がって重心が上がるため、足元は不安定になってしまいます。それだけブレのない着地が求められるようになります。

厚底時代に合う走り方を再発見する

厚底シューズの登場は２０１７年。大学１年生（２０２４年現在）で、中学から本格的に陸上長距離を始めたという選手には、初めて履いたシューズは厚底で、それ以外履いたことがないという厚底ネイティブがいてもおかしくありません。

　厚底ネイティブのランナーたちは、厚底を履くことが当たり前で、経験的に使いこなし方を身につけているタイプも少なくないでしょう。一方、サブ４、サブ３を狙う市民ランナーは、大人になってからマラソンを始めた人が大多数なのではないでしょうか。

　薄底シューズで走る時代が長かったランナーにとって、突然現れた厚底シューズにいきなりアジャストしようとしても、うまくいかないのは当然といえば当然です。

　ただ、厚底時代になったからといって、ヒトという動物の生理を踏まえた走りの本質が変わるわけではありません。

　厚底時代に求められているのは、実は走りの基本の再発見。では何を再発見すべきなのか。次のページで紹介しましょう。

厚底シューズのパワーを最大限に使いこなす走り方

厚底シューズを使いこなすには

厚底シューズが持つ反発力と推進力の恩恵を最大限に受けられる走り方。これこそ私が提唱してきた「体幹ランニング」。ヒトという生物の動きのメカニズムに即した、マラソンの基本の走り方ともいうべきものです。

体幹ランニングでは、骨盤の真下で着地し、足腰と体幹の大きな筋肉でその衝撃を受け止め、推進力へ変えます。ゆえに、**厚底シューズで接地時間が短くなり、瞬時に大きな地面からの反作用（地面反力）が加わっても、それをブレなくコントロールできる**のです。

厚底シューズの着地はどうなる？

着地はフォアフット（前足部）であるべきかどうかという議論がよく交わされます。結論から言うと、厚底での着地時の足元を安定させるためには、足裏全体で真上から踏み込むミッドフット着地が望ましいでしょう。

厚底シューズは上り坂に適していないとよく言われます。それは適していないというより、上り坂でまず接地するのは前足部のため、カーボンプレートの反発力の恩恵を最大限には受けにくいのです。

理想のフォームを左の分解写真と動画で確認しましょう。

厚底シューズ×体幹ランニングの基本フォーム

蹴り出し

ソールとカーボンプレートが復元するタイミングで脚を後ろへ流し、反対脚を踏み出す。前傾姿勢と骨盤前傾を保つ。骨盤を後傾させて腰を落としたりすると、身体の前で着地してブレーキになり、着地衝撃も有効に使えなくなる。

着地

肩甲骨が動くと骨盤が前方へ動き出し、重心がある骨盤の真下で着地。足腰とお腹の大きな筋肉でその衝撃を受け止める。足裏全体で真上から踏み込み、ソールを圧縮し、内蔵するカーボンプレートに推進エネルギーを貯める。

スタート

頭からかかとまで一直線にして立つ。猫背にならず、骨盤を前傾。一直線を保って前傾し、倒れそうになったら片足を1歩前に踏み出す。その繰り返しで走る。肩の力を抜き、ひじを後ろに引いて肩甲骨から腕を動かす。

前足部着地ではなく、足裏全体で踏み込むミッドフット着地でソールを圧縮してカーボンプレートをしならせる。

動画をチェック！

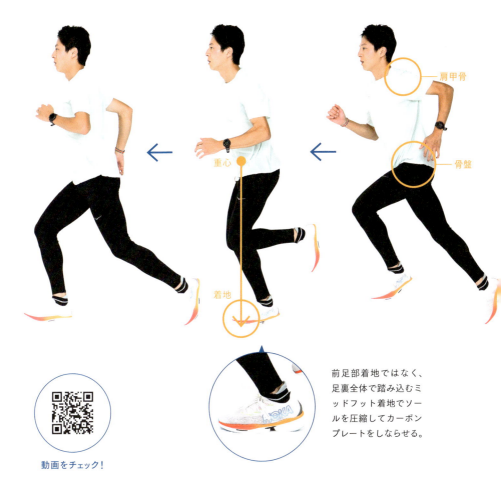

厚底シューズで、これまでにないトラブルが発生する理由

カーボンパワーを制御する脚筋力と柔軟性がほしい

厚底シューズには多くのメリットがありますが、思わぬ落とし穴もあります。

それは故障です。

ランニングの推進力の源は、着地時の衝撃。地面はいくら強く踏み込んでも凹みませんから、衝撃が強ければ強いほど大きな地面反力が得られます。それが推進力に変わるのです。

薄底シューズでもそのメカニズムは同じですが、厚底ではソールとカーボンプレートの復元力&反発力が加わるうえに、接地時間が短くなるため、一気に大きな力が加わります。

着地から蹴り出しまでの一連のプロセスをブレなく安定させるための脚筋力や柔軟性が不可欠。これらが不足していると、そのダメージは下半身の骨格に及びます。

若い世代は脚筋力も柔軟性も十分ですから、短い接地時間に集中するダメージをある程度コントロールできるかもしれません(それでも走りすぎるとダメージが溜まり、故障につながるケースも珍しくありません)。

しかし、中高年になると加齢や運動不足などで脚筋力も柔軟性も低下していますから、短めの接地時間で集中的に加わる反発力を上手に制御できなくなり、故障につながる可能性が高

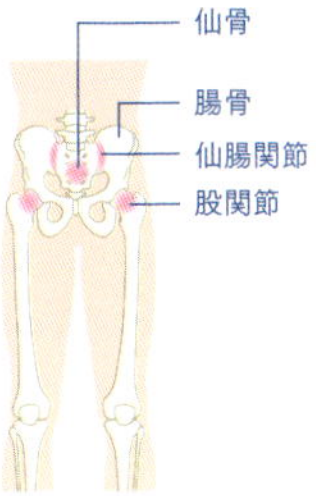

厚底シューズが
引き起こしやすい故障箇所

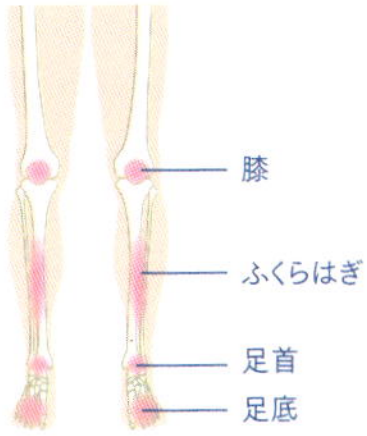

これまでのシューズが
引き起こしていた故障箇所

厚底登場による ランナー故障箇所の変化

これまでランナーが抱える故障といえば、膝、ふくらはぎ、足首、足底など、膝下の箇所に集中していた。一転、厚底時代、股関節や仙腸関節といった上部の故障が増えている。厚底の衝撃を受け止める大きな筋肉の強化が必要なことを物語っている。

くなっているのです。

膝下↓股関節と仙腸関節。故障部位が変わっている

薄底時代でも、故障に悩む市民ランナーは大勢いました。その大半は、膝やふくらはぎ、足首や足底のトラブル。

厚底時代、**膝や足首に代わって増えてきたのが、股関節や仙腸関節に故障を抱えるランナー。** 股関節は骨盤の両脇にある脚の付け根、仙腸関節は骨盤背面にある仙骨と腸骨の関節です。

厚底シューズの復元力&反発力を制御するには、膝まわりや足首の筋力のみでは不十分。 そこから上の股関節や仙腸関節まわりの筋力が求められるようになってきたからです。具体的にはお尻、太ももの前後、お腹の筋力です。

レース途中のエイドステーションでは、以前はヒートアップした膝下に水をかける選手が大半でした。ところが近年では腰から下に水をかけてクールダウンする選手が目立ちます。厚底時代になり、いかに股関節と仙腸関節が酷使されているかを示している現象でしょう。

いま、**ランナーが故障なく快走するためには、トレーニングを厚底仕様にアップデートする必要があります。** 不可欠なのは、股関節周りの大きな筋肉の強化や仙腸関節のケア。その内容は次の第2章で紹介します。

あらためて
厚底シューズとは何？

丈夫なカーボンプレートが ランナーを強力サポート

遅いランナーのシューズは厚底で、持ちタイムが速くなるほど薄底のシューズで走る……。それがランニング界の長年の常識でした。

脚筋力も走力も乏しい初級・中級ランナーは、シューズのミッドソールで着地の衝撃を緩和することによって、疲労や怪我の予防をする必要がありました。

ですから、彼らが専門店でスタッフから薦められるシューズは、ほとんど１００％厚底だったのです（とはいえ、現在ほどミッドソールは分厚くありませんでした）。

トップランナーがソール厚めのシューズで走るのは、ＬＳＤ（81ページ参照）のように、ゆっくり長い距離を踏む練習のときのみ。レース本番はもちろん、スピード練習でも薄底シューズで走るのが当たり前でした。

その潮流を大きく変えたのが厚底シューズの登場です。

いわゆる厚底シューズは、ただソールが分厚いだけではありません。靴底（アウトソール）と足を包み込むアッパーの間にあるミッドソールに、カーブを描くカーボンプレート（炭素素材をミックスした板状パーツ）を挟み込んでいるのです。

カーボンプレートの特質は軽量で強度が極めて高く、変形し

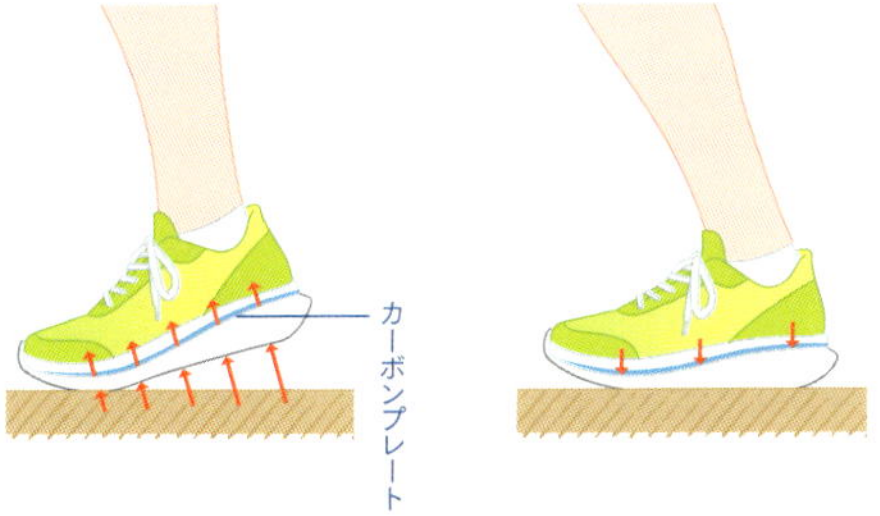

蹴り出し時　　着地時

カーボン入りシューズの推進力の秘密

ミッドソールのカーボンプレートが、着地時に体重の４～５倍ほどのエネルギーを蓄え、蹴り出し時に一気に放出。この反発力が推進力となり、ストライドの伸びをサポートする。

にくいこと。ゴルフクラブのシャフトや釣り竿などの素材として重宝されてきた所以です。

厚底でも比較的軽量でありつつ（シューズが重たいほど、ランナーの負担は増えます）、体重の4～5倍もの着地エネルギーをソールに蓄えます。

続いて**蹴り出し時に体重が抜けるタイミングで、蓄えたエネルギーを一気に放出して板バネのような反発力を発揮。**推進力を助け、それがストライドの伸びにつながるのです。

カーボンなしでも、厚底には意味がある

見かけは厚底でもカーボンプレートが入っていないランニングシューズもあります。こちらもカーボンプレート入りほどではありませんが、ランナーの背中を押してくれます。

第一にミッドソールの素材自体、これまでの製品と比べて反発力が高く、前へ進む力をサポートしてくれるように進化しています。

第二にソール全体がロッキングチェアのようなカーブを描いており、かかとからつま先へのスムーズな重心移動を助けてくれるのです。

走力アップには、練習内容に応じたカーボン入りとカーボンなしの使い分けも大切です。どう履き分けるかは、次のページを参考にしてください。

厚底シューズの
履き分け方を知る

カーボンプレート入り
厚底シューズ

ミッドソールに、優れた強度と剛性を持つカーボンファイバープレートを内蔵。ソールのクッション素材の進化により、見た目に反して驚くほど軽いのが特徴。レース本番はもちろん、ペース走、ビルドアップ走のようなスピード練習で活用を。本書では、高反発プレートが使用されているシューズを総称して「カーボン入りシューズ」と呼ぶ。写真は、カーボン入りシューズの例：HOKA CIELO X1

カーボンプレートなし厚底シューズ

バネのような反発力のあるカーボンプレート入りシューズは、着地衝撃が大きくなるのと同時に、着地時の衝撃を受け止め、ブレを御せる筋力が必要となる。そこで、ジョグやLSDのようなスピードの必要のない練習では、カーボンプレートが使用されていないシューズを履くことが望ましい。クッション性がありながら軽量なのが、新時代の厚底シューズ。ソールの素材や形状自体にも推進力を生む工夫が凝らされている。本書では、ソールがクッション性のある厚底でも、高反発プレートが使用されていないシューズを総称して「カーボンなしシューズ」と呼ぶ。写真は、カーボンなしシューズの例：HOKA CLIFTON 9

第2章

厚底シューズ時代のトレーニングと故障予防

厚底シューズの真価を引き出すトレーニングとは？

3タイプのトレーニングで厚底メリットを最大化

　第1章で見てきたように、厚底シューズによってランナーは、走力アップやタイムの向上といった大きな恩恵を受けられるようになりました。その反面、これまでになかった故障のリスクも上がっているのは事実です。

　厚底シューズの反発力は、ランナーにとってのメリットであるのと同時にデメリットにもなり得ます。カーボンプレートによる大きな着地衝撃を受け止め、その反発力を制御するためには、強い筋力が求められるようになっているからです。

　ランニングに求められる筋力は、走りながら養うのがベスト、という考え方もあるでしょう。けれど、厚底シューズ時代はそうも言ってはいられません。厚底シューズがもたらすメリットを最大化し、デメリットを最小化するためには、ランニングにプラスしたトレーニングがどうしても必要なのです。

　必要なのは、**1補強筋トレ**、**2動的ストレッチ**、**3仙腸関節ストレッチ**の3種類。それぞれについて左ページで詳しく解説することにしましょう。これらがあってこそ、厚底シューズのポテンシャルは最大限に引き出されるのです。

1

補強筋トレ

厚底シューズのよさを目一杯引き出して、故障を避けるためには、下半身と体幹の筋力を高めておくことが肝心です。着地時の大きな反発による衝撃を受け止め、ブレを制御するために必要となるのは、太ももの前後、お尻、お腹といった大きな筋肉。ここを鍛えましょう。筋肉に負荷がかかるので、練習のないオフ日のルーティンにしてください。補強筋トレで足腰が疲れて練習が満足にこなせなかったらそれこそ本末転倒です。＊シューズを履いて行う場合、カーボンなしで。

2

動的ストレッチ

厚底シューズで快走するためには、「体幹ランニング」をマスターしておくことが前提となります。体幹が使えないと、厚底シューズに内蔵されたカーボンプレートの反発力を効率的に推進力へ転換できないからです。そこで体幹ランニングを行いやすいようにスイッチを入れる動的ストレッチを紹介します。練習前にひと通り行うと効果的です。＊ランニング前に行うので、シューズのカーボン入り／カーボンなしの選択は、その日の練習メニューに合わせて。

3

仙腸関節ストレッチ

すでに触れたように、厚底シューズで走るランナーが増えてから急増しているのは、仙腸関節まわりのトラブル。それを未然に防ぐために、練習前後に骨盤の背中側にある仙腸関節のストレッチを行いましょう。さらに54ページのコラムでは、仙腸関節のストレスを減らすテーピングのやり方を解説しています。そこもあわせてご覧ください。　＊シューズ不要。

補強筋トレ❶

Vシット

POINT

- 完全に脱力せず、お腹にある程度力を入れておく。

1 床で仰向けになり、両腕を肩幅でまっすぐ伸ばし、床から少し浮かせる。
両脚は腰幅でまっすぐ伸ばす。

鍛えられる箇所

お腹（腹筋群）

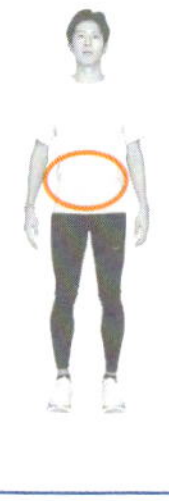

お腹の上部も下部も強化する

体幹ランニングでよく使うのは、お腹の腹筋群。いわゆる腹筋運動（上体起こし）だと腹筋群の上部ばかりに効き、下部にはあまり効きません。腹筋群の下部こそ着地後に骨盤が動いたあと、脚を前に出すときに働く大切な筋肉。Vシットで上部も下部も一緒に鍛えましょう。

10回
×3セット

2 腹筋群を縮ませて、両腕と両脚を伸ばしたまま同時に床から起こし、
ゆっくり元に戻る。

POINT

- V字を作るようなイメージで行う。
- 戻るときはできるだけスローに
ブレーキをかけながら。
- 戻るとき、手足の重みに任せて
力を抜いてしまわないように。

動画をチェック!

補強筋トレ②

シングルレッグ・ヒップリフト

POINT

- 腰のアーチをつぶすように床につける。

1 床で仰向けになり、左膝を曲げて立て、右脚をまっすぐ伸ばす。両腕は体側で伸ばす。右脚を軽く浮かせる。

鍛えられる箇所

お尻（大臀筋）、太もも後ろ側（ハムストリングス）

フォームの乱れを未然に防ぐ

お尻の大臀筋と太もも後ろ側のハムストリングスは、脚を後ろに上げる股関節の伸展筋。身体を前へ押し出す働きがあります。ここが弱いと上半身が後ろに残り、フォームが乱れる一因になりかねません。片側ずつ丁寧にトレーニングして左右のバランスを整えます。

左右各
10回
×3セット

2

お尻を引き上げ、左膝と右膝が揃ったら、脚を伸ばしたまま、
お尻を床ギリギリまで近づけ、元に戻す。左右を変えて同様に行う。

POINT

- 上げた脚の足首、膝、股関節、お腹、胸、肩を一直線にする。
- 手で床を押さないようにする（お尻と太もも後ろ側に効きにくい）。
- 上げた脚を床まで戻して休まないようにする。

動画をチェック！

補強筋トレ③

サイドプランク

POINT

- 頭を背骨の延長線上に保っておく。
- 真上から見たとき、全身がまっすぐになるようにする。

1 床で左向きで横に寝て、左ひじと左の前腕を床について上体を起こす。両脚は揃えてまっすぐ伸ばす。右手を腰に添える。

鍛えられる箇所

脇腹(腹筋群)

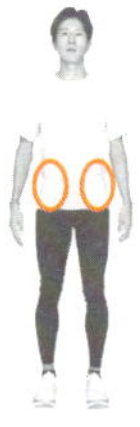

着地時に体幹をブラさないために

日常生活では、身体を真横に倒す側屈や大きく捻る回旋といった動作はほとんどしません。すると、そうした役割を担う脇腹の外腹斜筋と内腹斜筋は衰えるばかり。でも、厚底シューズで着地した際、身体をブラさないように保つには、脇腹が重要な役割を果たしています。

POINT

- 姿勢をキープしている間、ゆったりした呼吸を繰り返す。
- 途中で腰が折れて落ちないようにする。

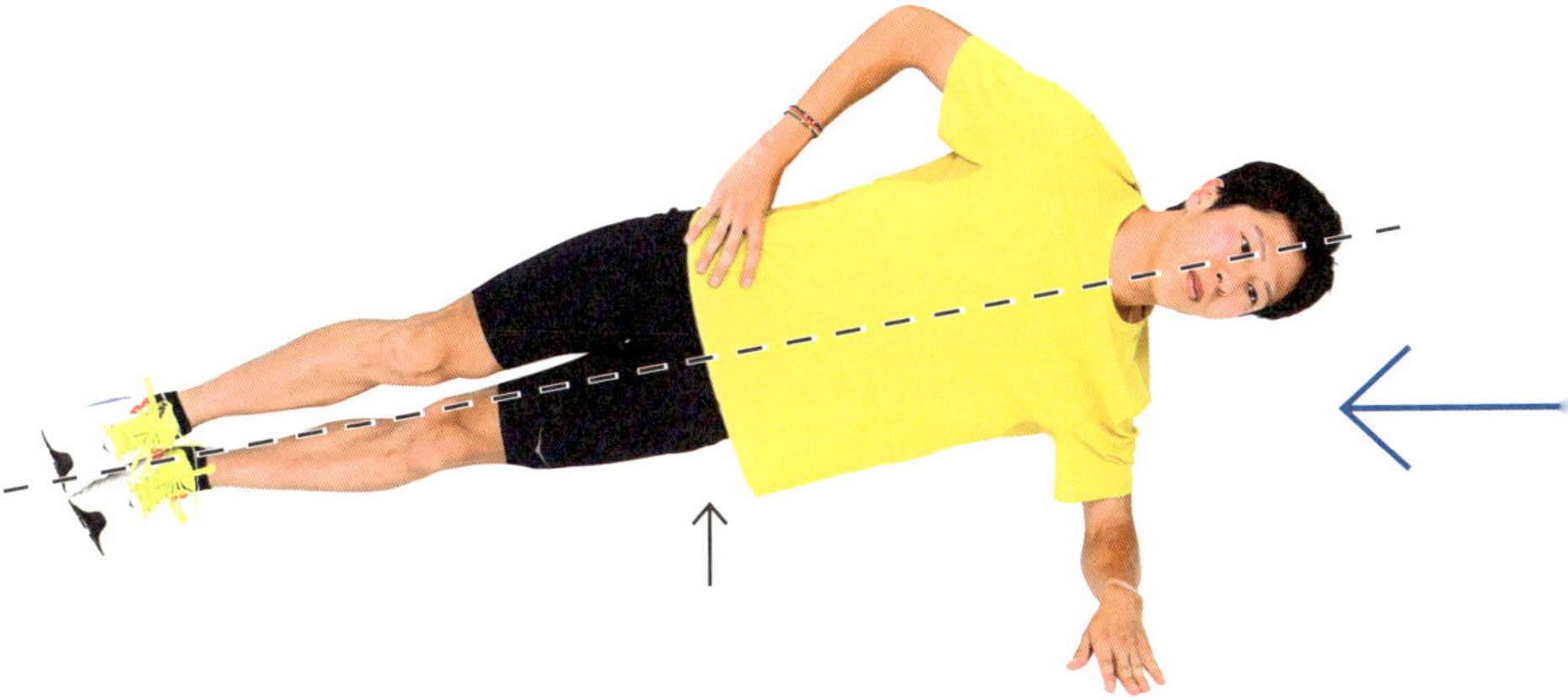

2

お尻を床から引き上げ、頭からかかとまで一直線に保ち、そのまま30秒キープ。ゆっくり元に戻る。左右を変えて同様に行う。

左右各
30秒×
1~2セット

動画をチェック!

補強筋トレ④

プッシュアップ・プランク

POINT

- 頭からかかとまで一直線に保ち、腰を落とさない。
- 両手の指先を少し外側に向ける。

1

床に両手をついてうつ伏せになる。
両手は肩幅の2倍程度、
両足は肩幅程度に開く。

体幹に加えて肩甲骨まわりも鍛える

プッシュアップ（腕立て伏せ）とは、通常は胸の大胸筋を鍛えるトレーニングの定番です。しかし、手幅を広めにし、頭からかかとまで一直線にキープすることを意識すると体幹の筋肉が鍛えられます。あわせて両腕を上手に使うための肩甲骨まわりの筋肉も強化できるのです。

鍛えられる箇所

体幹（腹筋群）、
背中（僧帽筋、広背筋）

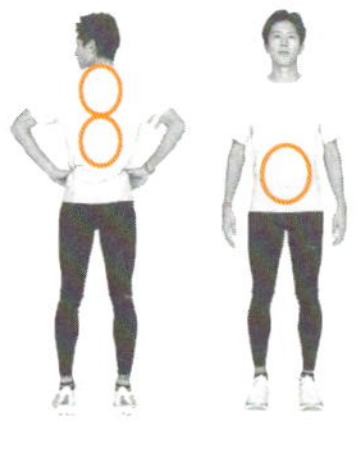

2

ひじを90度曲げて
胸を床すれすれまで下ろしたら、
両手で床を強く押して元に戻る。

POINT

- 全身を1枚の板のようにキープする。
- 途中でお尻が落ちたり、
  腰が反ったりしないこと。

10回
×3セット

動画をチェック！

補強筋トレ 5

スクワット

1

両足を腰幅に開いてまっすぐ立ち、
両手を頭の後ろに添える。

POINT

- 胸を張り、左右の肩甲骨を寄せる。
- 背中が丸まって猫背にならないようにする。

厚底シューズでの着地を受け止める

体幹ランニングでは、着地したときの衝撃を太もも前側の大腿四頭筋できちんと受け止めることが大事。着地後に不安定さが増す厚底時代では、その重要性はより高まっています。骨盤を後傾させずに行い、お尻の大臀筋も同時に鍛錬。着地から蹴り出しまでをスムーズにします。

鍛えられる箇所

太もも前側（大腿四頭筋）、
お尻（大臀筋）

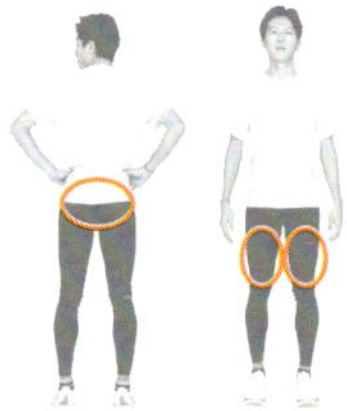

10回
×3セット

2

お尻を後ろに引きながら、
両脚の太ももが床と
平行になるまでしゃがむ。
両足で床を強く踏んで
立ち上がる。

POINT

- 骨盤はずっと前傾（肛門が後ろを向くような傾き）させる。
- 膝をつま先よりも前に出さない。
- 膝が内側に入ったり、外側に出たりしないようにする。

動画をチェック！

動的ストレッチ①

足踏み
エクササイズ

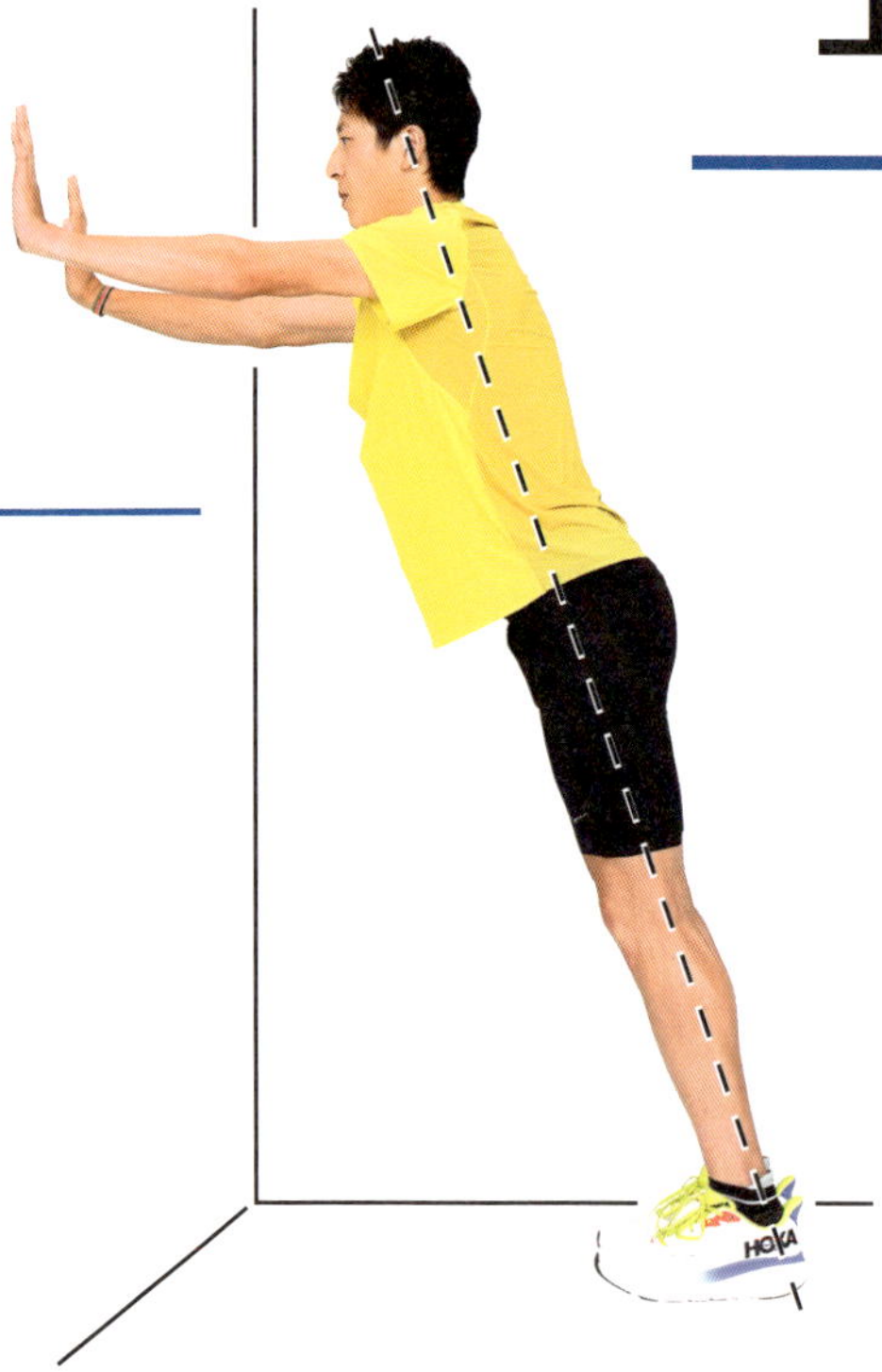

1

壁から1歩離れて立ち、胸の高さで
両手を壁につき、前傾姿勢を取る。
両手で壁に体重をかける。

POINT

- 頭からかかとまで一直線にキープする。
- 壁にしっかり体重をかけておく。

カーボンプレートの反発力をイメージ

体幹ランニングは、骨盤を含めて全身の前傾を保ち、身体の真下で着地します。頭からかかとまで1本の棒のようにキープする基本をインプットするのがこのエクササイズ。かかとまで床につけて、1歩ごとにカーボンプレートの反発力を全身で感じる気持ちで行います。

鍛えられる箇所

お腹(腹筋群)、
お尻(大臀筋)

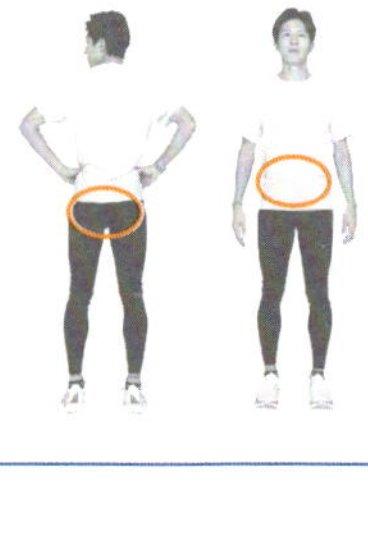

左右交互に計
10～12回
×1～2セット

2

最初の姿勢を保ち、両手で壁に
体重をかけながら、走りをイメージしつつ
左右交互にリズミカルに踏み込む。

POINT

- 踏み込むときには、1歩ごとに
かかとまで床にしっかりつける。
- 壁を押すときに腰が反ったり、
お尻を後ろに引いたりしない。

動画をチェック!

動的ストレッチ❷

その場ジャンプ

1

両足を腰幅に開いてまっすぐ立つ。
両腕を体側で下げる。肩の力を抜いて脱力し、
お腹とお尻に力を入れる。

POINT

- 頭からかかとまで一直線にキープする。
- 猫背になったり、腰を反らしたりしない。

背骨とカーボンの反発をシンクロ

体幹を貫く背骨は、真横から見ると緩やかなS字カーブを描いています。背骨は天然のスプリングであり、着地衝撃を受け止めてたわみ、続いて反発力に変えます。この天然のスプリングとカーボンプレートがシンクロする感覚が得られるまで、脱力ジャンプを続けましょう。

鍛えられる箇所

腹腔（腹筋群、脊柱起立筋、
横隔膜、骨盤底筋群）、
お尻（大臀筋）

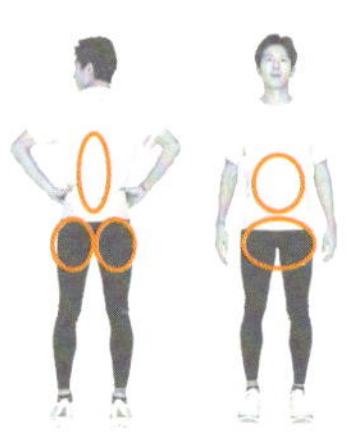

2

身体のスプリングで
弾むように、その場で
軽くジャンプする。

10～15回
×1～2セット

POINT

- しっかり脱力できていたら、肩が自然に上下する。
- しばらくジャンプすると肩甲骨まわりが熱くなるはず。
- 肩を無理にすくめない。
- お腹とお尻から力を抜かない（抜くと腰が落ちる）。

動画をチェック！

動的ストレッチ❸

踏み替え

1

左手で右のお尻、右手で左の下腹を押さえ、
右膝を上げ、左足だけでまっすぐ立つ。

POINT

- 頭から軸足のかかとまで一直線にキープする。
- 手で押さえることでお尻とお腹を意識しやすくなる。

軸足の安定性をアップさせる

着地時の衝撃こそ、体幹ランニングの推進力の源。着地した軸足がグラつくと、推進力をロスしてしまいペースが上がりません。ことに反発力が高いカーボンプレート入りの厚底シューズだと、軸足が余計ブレやすいので要注意。お尻とお腹を鍛えて軸足を安定させます。

鍛えられる箇所

お腹（腹筋群）、
お尻（大臀筋）

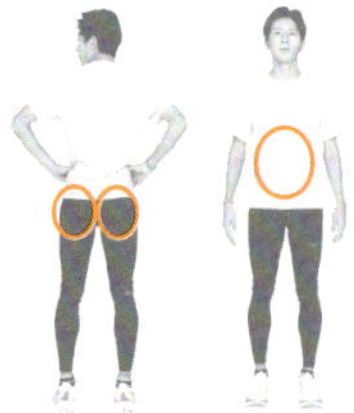

左右交互に計
10～12回
×1～2セット

2

その場で軽くジャンプしながら、
足と手の左右を置き替える。
左右交互に
リズミカルに踏み込む。

POINT

- 踏み込むときには、1歩ごとにかかとまで床にしっかりつける。
- 踏み込んだときに軸足がグラグラして体幹が前後左右に傾かないように。

動画をチェック！

動的ストレッチ ④

ランジ＋肩甲骨下げ

1

両足を腰幅に開いてまっすぐ立ち、
バンザイをするように両腕を上げる。
軸足でつま先立ちとなり、
片膝を腰まで引き上げる。

BACK

POINT

- 頭から軸足のかかとまで一直線にキープする。
- お腹に力を入れて、片膝を上げたときに体幹がブレないようにする。

上半身と下半身をうまく連携させる

ランニングでは、体幹を介して上半身と下半身をスムーズに連携させることが大事です。ポイントとなるのは上半身の肩甲骨、下半身の骨盤と股関節の動きであり、両者を結びつけるのがお腹です。片足を踏み出すランジと肩甲骨下げを同時に行い、連携を強化します。

鍛えられる箇所

肩甲骨、骨盤、
お腹（腹筋群）、股関節（腸腰筋）

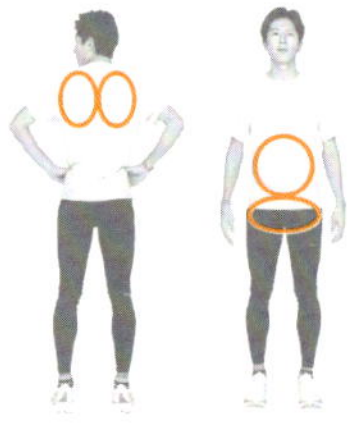

2

引き上げた片足を大股１歩分前に
踏み出しながら、両ひじを
後ろに引いて肩甲骨を下げて寄せる。
元に戻り、左右交互に同様に行う。

BACK

POINT

- 上体はできるだけ床と垂直になるようにキープする。
- 背中が丸まったり、腰が反ったりすると効果がない。
- ひじは前でも横でもなく、後ろにしっかり引く。

左右交互に計
10～12回
×1～2セット

動画をチェック！

動的ストレッチ 5

ランジ＋腰当て

1

両足を腰幅に開いてまっすぐ立ち、
両手の拳を骨盤の上部に当てる。

POINT

- 拳は横ではなく縦にして当てる。
- お腹に力を入れて骨盤を前傾させる。

鍛えられる箇所

骨盤、股関節（腸腰筋）

骨盤の前傾を保って走るために

骨盤は軽く前傾しているのが自然ですが、座っている時間が長いと腰が丸まり、骨盤は後傾しがち。そのまま走っても腰が落ち、着地衝撃をうまく推進力に変えることができません。骨盤を前傾させて走るために、前方へ踏み出すランジとともに前傾を強く意識しましょう。

左右交互に計
10～12回
×1～2セット

2

片足を大股１歩分前に踏み出してしゃがみながら、拳で骨盤を前に押して
さらに前傾を引き出す。元に戻り、左右交互に同様に行う。

POINT

- 上体はできるだけ床と垂直にキープする。
- 前後の膝を90度まで曲げる。
- 前脚の膝をつま先より前に出さない。

動画をチェック！

動的ストレッチ 6

ツイスト膝上げ

1

両足を腰幅に開いてまっすぐ立つ。
片膝を引き上げると同時に、
対角のひじを膝に近づける。

POINT

- 上体はつねに床と垂直に保ち、顔を正面に向ける。
- 上体が前へ倒れがちになり、姿勢が崩れるので、無理に膝とひじをつける必要はない。

ツイストしても体幹をブラさない

肩甲骨から腕を後ろに引くと、反対側の骨盤が前に出てきます。上半身と下半身を反対方向へツイストすることでストライドが伸びるのです。そのイメージを掴むために行うのがこのエクササイズ。ツイストしても体幹をブラさず、地面と垂直の軸をしっかり保っておきます。

鍛えられる箇所

脇腹（腹筋群）、骨盤、
股関節（腸腰筋）

左右交互に計
10～12回
×1～2セット

2

左右交互にテンポよく行う。

POINT

- 体軸をまっすぐ保ったままで体幹をツイストする。
- 軸足側で軽くジャンプしながら行う。

動画をチェック!

動的ストレッチ 7

下腹ポンポン

1

両足を腰幅に開いてまっすぐ立つ。
その場で軽く足踏みし、着地したほうの下腹を拳でポンポンと軽く叩く。

POINT

- 上体はつねに床と垂直になるように保ち、顔を正面に向ける。
- 叩くのは丹田の高さよりも少し下あたり。
- 骨盤の前傾を崩さないように続ける。

鍛えられる箇所

お腹（腹筋群）

丹田を活性化して理想の着地へ

着地衝撃を効率的に推進力にスイッチするために欠かせないのは、お腹の腹筋群から力を抜かずにきちんと使うこと。走り出す前に、着地のタイミングで下腹をポンポン叩いて活性化してください。叩くのは丹田（へその下で、重心がある仙骨あたり）の高さよりやや下です。

左右交互に計
10～12回
×1～2セット

2

左右交互にテンポよく行う。

POINT

- 着地のときに下腹が硬くなっていることを確認。
- 着地したときに腰が落ちないように気をつける。

動画をチェック！

左右各
10～15回
×1～2セット

仙腸関節ストレッチ 1

膝回し

1
床で仰向けになり、
片膝を引き寄せて、
両手で膝下を持つ。

2
外から内へ、膝で大きな円を
描くように回していく。
左右を変えて同様に行う。

POINT

- 外から内へ回す。内から外へは回さなくていい。
- 股関節の力を抜いて骨盤まわりをリラックスさせる。

外から内へ円を描いて回す

硬くなった仙腸関節の動きを引き出す、もっともベーシックなストレッチ。走りに偏りがあるランナーは左右のどちらかに引っかかりがあり、動きにくい側があるはず。動きにくいほうを多めに行い、バランスを整えましょう。

ここに効く!
仙腸関節

動画をチェック!

10～15往復
×1～2セット

仙腸関節ストレッチ❷

背中コロコロ

1
床で仰向けになり、両膝を引き寄せて、
両手で膝を抱える。

2
ロッキングチェアのイメージで
身体を上下に揺らし、
背中でコロコロと転がる。

POINT

- 腰背部を丸めて骨盤を後傾させる。
- 膝を両手で抱えて離さない。

ここに効く!
仙腸関節

動画をチェック!

背中側を快適に緩める

デスクワークなどで座っている時間が長くなると、背中全体が硬くなりやすいもの。仙腸関節も背中側にありますから、背中と腰を丸めて床でコロコロと転がって、緊張を取りましょう。腰痛の緩和にも役立ちます。

仙腸関節ストレッチ③

サソリ

左右各
10〜15回
×1〜2セット

POINT

- 脚の動きにつられてブレないように上体を安定させる。
- 外から内へ回す。
内から外へは回さなくてよい。

1
床でうつ伏せになり、
両脚を肩幅でまっすぐ伸ばす。
両ひじを曲げる。

2
右脚とクロスするように
左脚を右側へ上げ、
かかとで大きな円を描くように
外から内へ回す。
左右を変えて同様に行う。

仙腸関節と股関節を伸ばしてほぐす

うつ伏せの姿勢でサソリのように体幹を大きくひねり、仙腸関節と股関節をダイナミックに動かしながらほぐしていきます。最終的には回している脚のつま先が床に自然につくまで、仙腸関節と股関節を緩めてください。

ここに効く！
仙腸関節、股関節

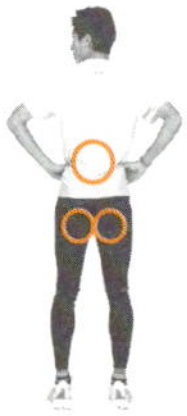

動画をチェック！

左右各
1～2セット

仙腸関節ストレッチ④

ペアストレッチ

1 床で仰向けになり、両脚を腰幅でまっすぐ伸ばし、股関節から力を抜いてリラックス。パートナーは左足のかかととつま先を持ち、左脚を引き上げる。パートナーは左足のつま先で相手の右足を固定する。
2 パートナーは中腰で体重を後ろにかけ、相手の左脚を引っ張り、10～15秒程度キープ。その後、前後に小刻みに揺らして仙腸関節をリセットする。左右を変えて同様に行う。

POINT

- やってもらうほうは完全に脱力してパートナーに身を委ねる。
- 手の力で引っ張るのではなく、体重をうまく使って引っ張る。

パートナーの力でストレッチ効果倍増

協力してくれるパートナーがいれば、ペアストレッチで仙腸関節をさらに緩めることが可能です。他の人にストレッチしてもらえたら、力が完全に抜けるのでより効果がアップします。ひと通り終わったら交代。パートナーにもやってあげましょう。

ここに効く！
仙腸関節

動画をチェック！

厚底特有の故障を防ぐテーピング術

厚底シューズで負担がかかる仙腸関節には、テーピングも有効。仙腸関節を安定させて横ブレを防ぎ、故障リスクが減らせます。とくに筋力が落ちたシニアランナーにお薦め。私自身も実践者です。使うのはキネシオテープ。伸縮性があり、スポーツの現場で、筋肉や関節の固定といった目的で用いられており、ドラッグストアなどで手軽に買えます。レース本番の他、厚底シューズを履く練習時に貼りましょう。

SIDE

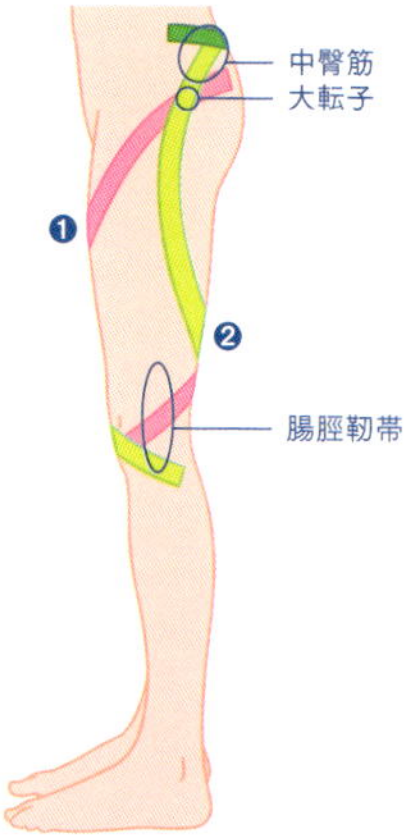

FRONT

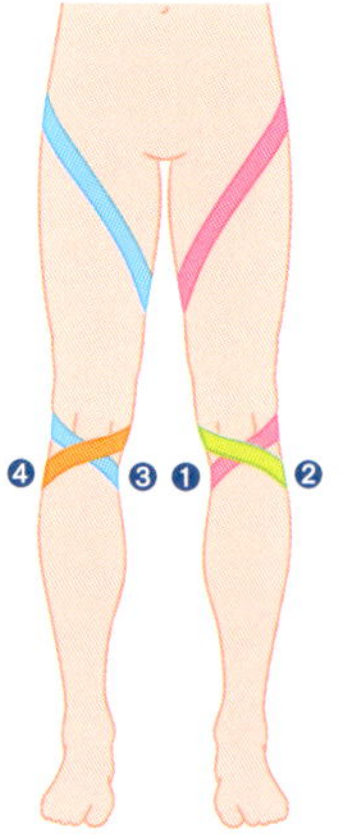

BACK

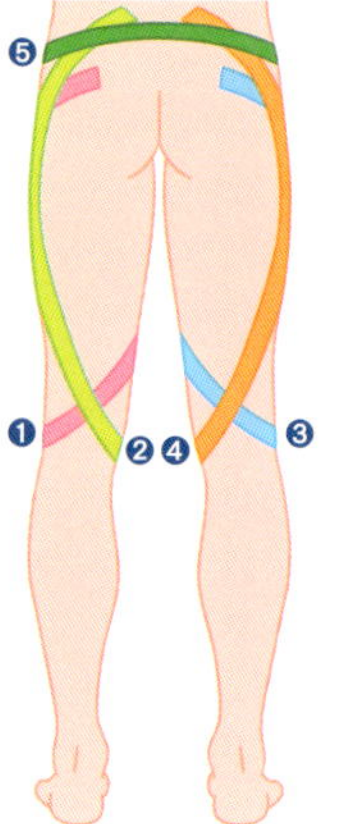

5本のテープで仙腸関節を守る

使うテープは5本。❶左膝のお皿の右下から、膝外側の腸脛靭帯を通り、太もも後ろ側を一周させて左側の大転子（股関節の横にある骨の出っ張り）まで貼る。❷❶とクロスするように、左膝のお皿の左下から膝内側、太もも後ろ側から左側の大転子を経由し、中臀筋（お尻の上部外側）まで貼る。❸・❹右脚も同様に貼る。❺左右の中臀筋を結ぶように骨盤を後ろから押さえる。

第3章

厚底シューズ
時代の
体幹ランニング

厚底時代こそ「体幹ランニング」が必要です

厚底だからこそ高まる体幹ランの必要性

私が提唱する「体幹ランニング」は、いまやすべてのランナーのグローバルスタンダードになったと自負しています。体幹ランニングこそ、人種も性別も年齢も関係なく、ヒトという動物が走るときの本来の動きに即したもっとも機能的な方法だからです。

体幹ランニングをテーマとした書籍を私が初めて出したのは、２００７年。日本における現在のマラソンブームのきっかけとなった「東京マラソン」がスタートした年です。以来、日本で市民ランナーは増え続けています。マラソンに関心を持つ人たち、ランニングを楽しむ人びとが増えているのは、ランニングコーチである私にとっては喜ばしい限りです。

さらに、令和の厚底シューズ時代になっても、もっというなら厚底シューズ時代になったからこそ、体幹ランニングの重要性はより高まっていると考えています。**体幹をうまく使って走らない限り、せっかくの厚底シューズの恩恵を十分得られない**ばかりか、故障を負うリスクが高まる可能性すらあるからです。

一方、市民マラソンにゲストなどとして呼ばれてよくよく観察してみると、ランナーの大半は厚底シューズを履いているにもかかわらず、誰もが体幹ランニングを実践できているわけではないという事実に気づかされます。

体幹ランニングには、まだまだ“伸びしろ”がありそうです。

そもそも体幹ランニングとは？

そもそも体幹ランニングとは何か。あらためておさらいしてみましょう。

それはごくシンプルにいうなら、手足のような末端ではなく、身体の中心にある体幹（手足と首から上を除いた胴体部分）を活用するもの。

より具体的には、腕を振るときには肩ではなく肩甲骨、脚を使うときには膝ではなく股関節や骨盤を起点とする走り方です。

体幹ランニングを会得すれば、体幹にある重心の真下で着地できるようになり、着地時の地面反力を無駄なく推進力に転換することが可能になります。

厚底シューズで走ると着地衝撃のエネルギーをより一層活用できるようになるため、体幹ランニングとの相乗効果が期待できるのです。

では、走るときに体幹はどのように機能しているのでしょうか。とくに目を向けるべき部位を3つに絞り、次ページで詳しく解説します。

さらに60ページからは、体幹を意識してスイッチを入れるエクササイズも紹介します。

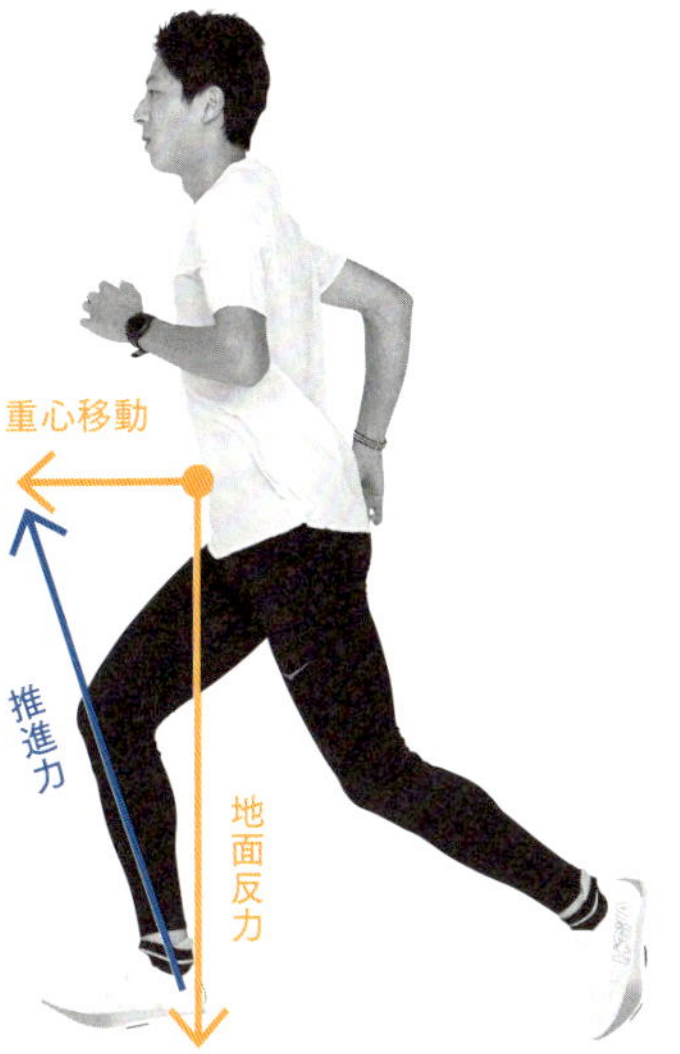

理想的な厚底×体幹ランニング

脚は骨盤から、腕は肩甲骨から動き、足が身体の真下に着地することで、着地のエネルギーが前進するエネルギーにそのまま移行。厚底シューズを履いていれば、着地衝撃のエネルギーを一層活用できるようになるため、より大きく前進できる。

体幹ランニングのポイントとなる3つの部位

体幹ランニングが重視する3大ポイント

体幹ランニングでは、重視したい体幹の部位が3つあります。それが**1肩甲骨**、**2骨盤**、**3お腹（丹田）**です。

走り始めにまず動かすのは、**1肩甲骨**。肩甲骨は両腕の付け根であり、ひじを引くように腕を振ると動き始めます。ランナーに「腕をもっと振れ！」という指導を見聞きすることもありますが、肝心なのは腕そのものよりも肩甲骨の動きなのです。

肩甲骨が動くと、その反動で**2骨盤**が動きます。なぜなら、身体の大黒柱である背骨を介して肩甲骨と骨盤は連動するようになっているから。具体的には、右ひじを引いて肩甲骨が後ろに動くと、反動で左側の骨盤が前に出て左脚が伸びるのです。

背すじを伸ばして骨盤が正しく前傾していると、前方へ伸びた足は**3お腹（丹田）**の真下で着地します。着地時には体重の4～5倍の衝撃があり、それを体幹で受け止めて、前方への推進力に変えることにより、無駄なくスムーズに走ることができるのです。

厚底時代になり、シューズが着地衝撃を推進エネルギーに変えてくれるようになると**1肩甲骨→2骨盤→3お腹（丹田）**という一連の流れがより大事になってくるのです。

ポイント1

肩甲骨

肩甲骨は、体幹上部で背中側にある左右一対の平らな骨。背骨の左右に位置しており、上腕の骨(上腕骨)と鎖骨に接している。デスクワークが多い現代人は肩甲骨が背骨から離れて固まっている場合も多いが、体幹ランニングでは胸を自然に開いてひじを後ろに引き、肩甲骨をしなやかに動かして背骨に寄せることが重要だ。

ポイント2

骨盤

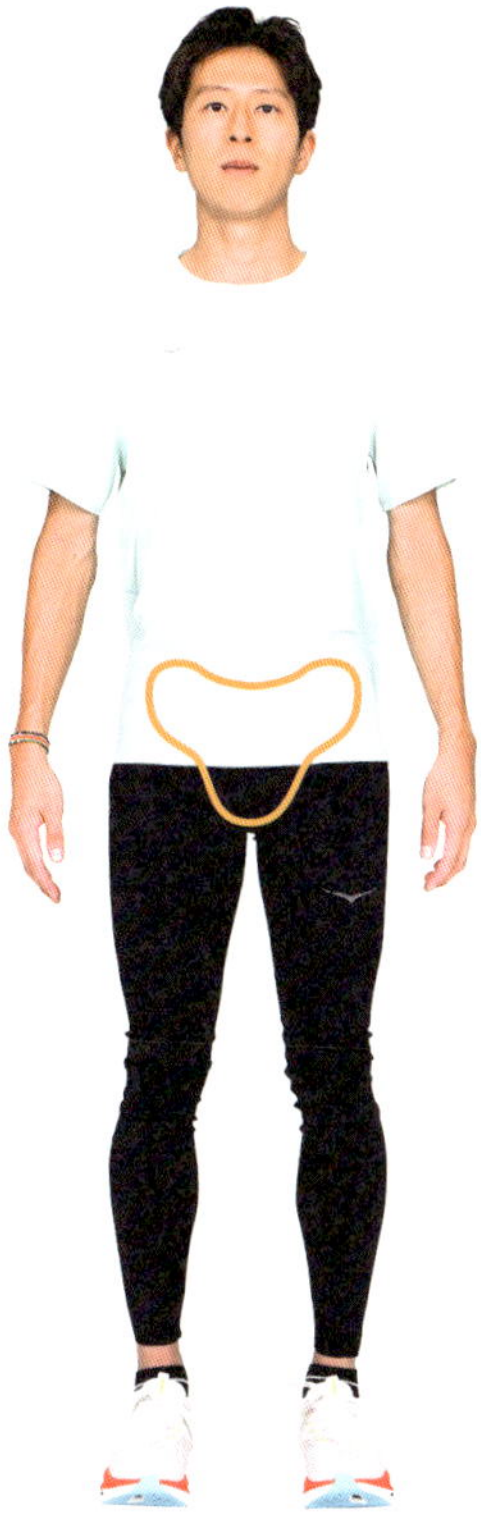

骨盤は体幹の下部にある人体最大の骨であり、背骨と一体化して姿勢を決め、上半身と下半身を連絡させる役割を担う。骨盤の左右の窪みに、太ももの骨(大腿骨)の丸みを帯びた先端がハマったのが、股関節。股関節こそが脚の付け根であり、肩甲骨と連動して骨盤が動くと、股関節から両脚が左右交互に前へ出る。

ポイント3

お腹(丹田)

前傾した骨盤から前に伸びた足が、重心の真下で着地すると、着地衝撃をロスなく推進エネルギーに転換。重心のありかは骨盤の背面にある仙骨周辺。へその少し下の奥にある、東洋医学でいう「丹田」だ。重心の真下で着地できなかったり、お腹から力が抜けていたりすると、せっかく厚底シューズで走っても記録は伸びない。

体幹エクササイズ❶

ひじ回し

1

10回×2~3セット

両足を腰幅に開いて
まっすぐ立つ。
両手を肩に添える。

POINT

- 肩に添えた両手を離さない。
- 背すじを伸ばし、
猫背にならないようにする。

肩甲骨から腕を振りやすく

体幹を使って走る大きなポイントは、肩甲骨から腕を振ること。肩甲骨の動きに合わせ、背骨を介して骨盤がシンクロして動き出し、全身を使ったランニングができるようになります。そのためにひじ回しを行いましょう。肩甲骨の動きを感じながら1回ずつ確実に行います。

ここにスイッチ！

肩甲骨

2

肩甲骨の動きを意識しながら、前から後ろにゆっくり確実に回す。

動画をチェック!

POINT

- ひじで、できるだけ大きな円を描くイメージで回していく。
- 身体の前側ばかりではなく、
ひじをしっかり後ろに引いて後ろ側でも回す。

体幹エクササイズ❷

腕振り

1

両足を腰幅に開いてまっすぐ立つ。
右腕を上へ、左腕を下へ振りながら伸ばす。

POINT

- ひじをしっかり伸ばしておく。
- 腕がいちばん高く上がったポイントから、さらに後ろへもうひと伸びさせる。
- 脇を締め、体側に沿って両腕を動かす。

腕振りで上半身と下半身をリンク

腕の付け根は肩ではなく肩甲骨。「ひじ回し」で肩甲骨の動きを引き出したら、肩甲骨から腕を思いっきり上下にスイングさせてください。背中全体が柔らかくほぐれ、しなやかに腕が振れるようになります。それが、上半身と下半身が滑らかにリンクする走りにつながります。

ここにスイッチ！

肩甲骨

左右交互に計
20回
×2〜3セット

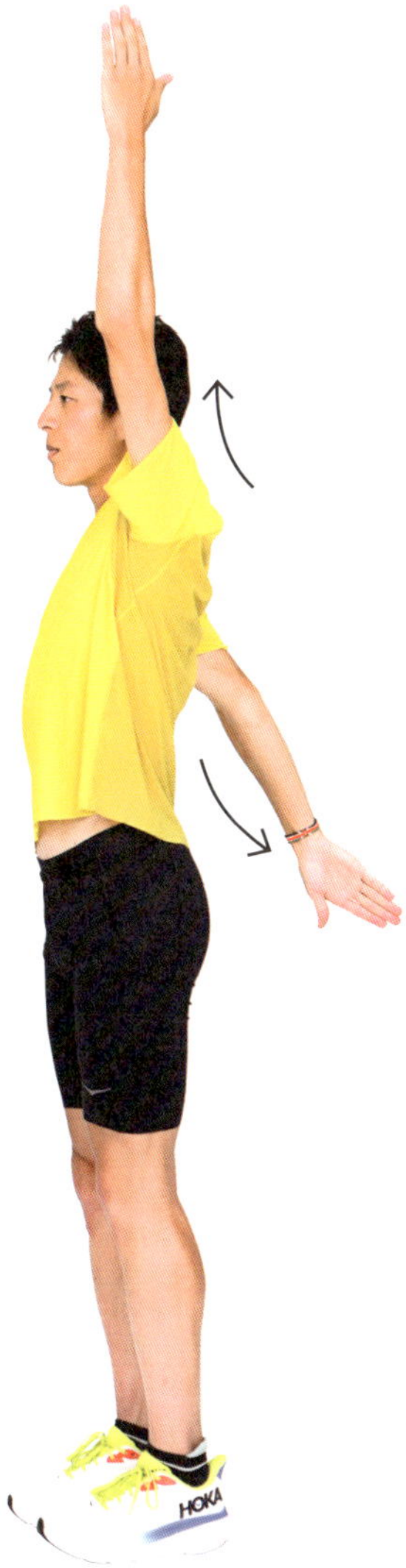

2

左右を変えて交互にスイング を続ける。

POINT

- 胸を張り、猫背にならないようにする。
- ダイナミックな腕の動きにつられて下半身がブレないように保つ。

動画をチェック！

体幹エクササイズ❸

大小ツイスト

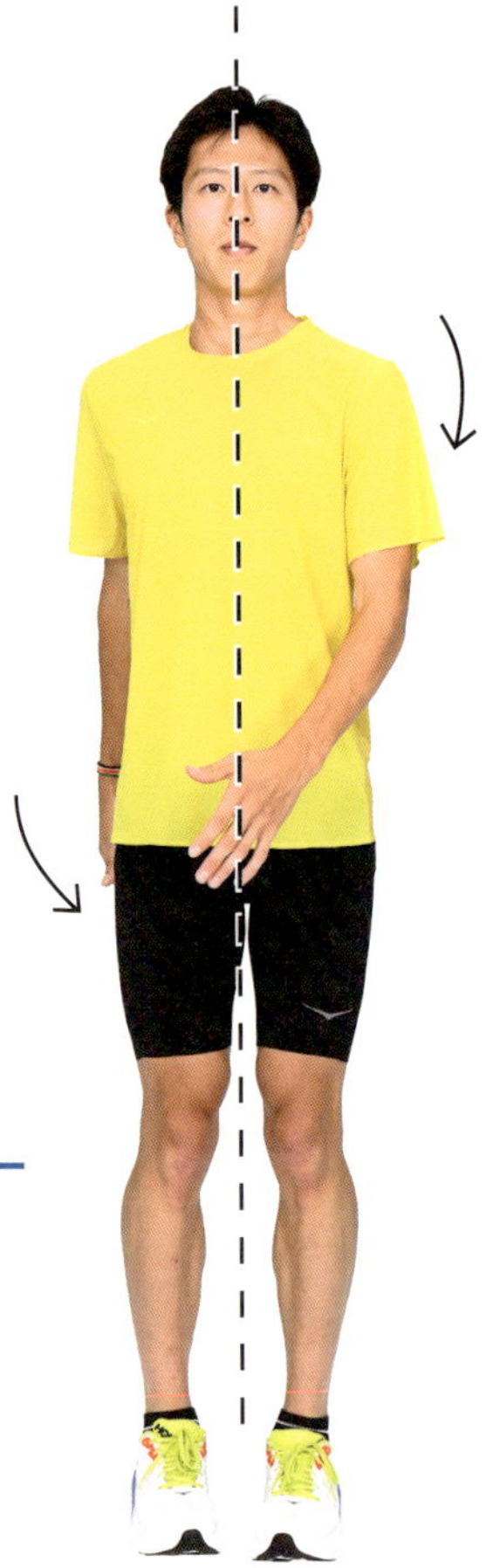

1

両足を揃えてまっすぐ立つ。
その場で軽くジャンプしながら
腕を小さく振り、上半身と下半身を
同時に反対側へツイストする。

左右交互に計
20回
×2〜3セット

POINT

- 左肩が右へ入るときは、右腰が左へ入る。
- 体軸を床と垂直に保ち、顔はつねに正面に向けておく。
- 猫背にならず、腕は前側ではなく後ろ側で振る意識を持つ。

小さいひねりを大きなひねりに

体幹ランニングに必要なのは、肩甲骨の動きを背骨を介して骨盤に伝えること。その場で軽くジャンプしながら、上半身と下半身を反対側へひねるツイストで、その一連の流れをインプット。小刻みで小さなツイストから始め、動きを徐々に大きくし、大きなツイストへとつなげます。

ここにスイッチ！
肩甲骨、骨盤、体軸

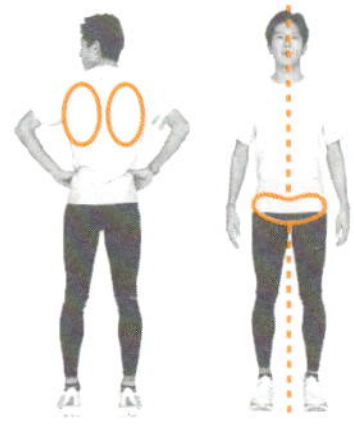

2

左右交互にツイストを続ける。

POINT

- 身体がほぐれてきたら、ツイストを少しずつ大きくする。
- 着地位置がバラバラにならないように気をつける。
- 動きが大きくなると、つま先が自然に左右に向く。

動画をチェック！

体幹エクササイズ④

後ろ脚上げ

1

両足を揃えてまっすぐ立つ。
同じ側のお尻の少し上に片手を添える。
膝を伸ばしたまま、やや斜め後ろに
片脚を引き上げ、元に戻る。

POINT

- 脚は真後ろではなく、やや斜め後ろに上げる。
- 手で押さえることで中臀筋を意識しやすくする。
- 中臀筋に効きにくくなるので、膝が曲がらないようにする。

骨盤の安定性を引き出す

お尻には大臀筋と中臀筋という筋肉があります。大臀筋には着地時に軸足をブラさないように支える働きがありますが、中臀筋も軸足と反対の骨盤が落ち込まないように支える大事な働きを担っています。中臀筋が衰えると、骨盤がブレてランニングの効率が悪くなります。

ここにスイッチ！

お尻（中臀筋）

左右各
10回
×2～3セット

2

左右を変えて同様に行う。

POINT

- 頭から軸足のかかとまで一直線にキープしながら行う。
- 片脚を後ろに上げる際、腰を反らさない。

動画をチェック!

体幹エクササイズ⑤

前ももスクワット

1

両足を腰幅に開いてまっすぐ立つ。
つま先を少し外側に開く。両脚の付け根に、
両手のひらの小指サイドを当てる。

POINT

- 手のひらを添えて大腿四頭筋を意識しやすくする。
- 胸を張り、左右の肩甲骨を寄せて背すじを伸ばす。

ここにスイッチ！

太もも前側（大腿四頭筋）

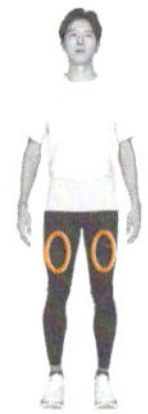

着地を受け止める力を高める

厚底シューズで走ると着地時に大きな衝撃が加わり軸足がブレやすくなります。それをお尻の大臀筋、太もも後ろ側のハムストリングスと協力して抑えてくれるのが、太もも前側の大腿四頭筋。通常のスクワットにひと工夫し、大腿四頭筋に効かせるフォームで行います。

10回×
2～3セット

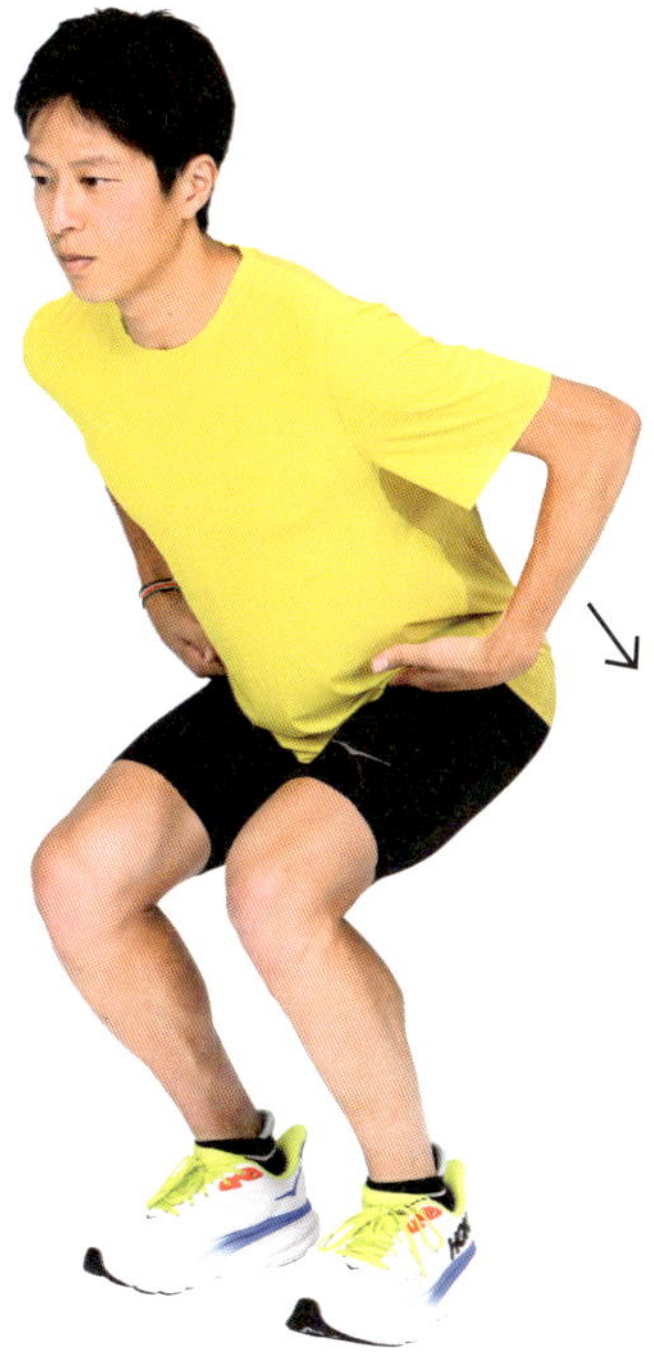

2

手のひらが食い込むように
脚の付け根から上体を折り、
膝を前に出しながら
90度前後曲がるまでしゃがみ、
元に戻る。

POINT

- 膝をつま先より前に出すと、
  大腿四頭筋により効きやすくなる。
- 膝が内側に入ったり、
  外側に開いたりしない。
- しゃがむときに背中を丸めない。

動画をチェック！

体幹エクササイズ❻

後ろももスクワット

1

両足を腰幅に開いてまっすぐ立つ。
つま先を少し外側に開く。
お尻の上部に両手を添える。

POINT

- 手のひらを添えてハムストリングスを意識しやすくする。
- 胸を張り、左右の肩甲骨を寄せて背すじを伸ばす。

前方への推進力を生み出す

太もも後ろ側のハムストリングスは、脚を後ろに引いて股関節を伸展させる働きがあり、全身を前へ押し出す推進力を生み出しています。「前ももスクワット」に続き、こちらも通常のスクワットをアレンジし、ハムストリングスにとくに効くフォームで行ってください。

ここにスイッチ！

太もも後ろ側（ハムストリングス）

10回×
2〜3セット

2

脚の付け根から上体を
深く前傾しながら、
膝が90度前後曲がるまで
しゃがみ、元に戻る。

POINT

- 膝をつま先より前に出さないようにすると、ハムストリングスにより効きやすい。
- 膝が内側に入ったり、外側に開いたりしない。
- しゃがむときに背中を丸めない。

動画をチェック！

左右交互に計
20回
×2〜3セット

体幹エクササイズ❼

お尻バランス

1
床に座り、両脚を腰幅に開いて90度曲げ、
上体を後ろに倒して両脚を浮かせる。
両手をへその少し下に添える。

2
お腹を意識したまま、
上半身だけ左右交互にツイストする。

POINT

- 両手を添えることで、腹筋群が意識しやすくなる。
- お腹に力が入ったことを確認し、お尻でバランスを取る。
- へそから下は固定しておく。

重心のありかにフォーカスする

身体の重心があるのは「丹田」。体幹ランニングでは重心を中心に前傾姿勢を保ち、前へ進みます。丹田を意識しやすくすると、全身を前へ押し出す推進力がアップ。上体を後傾させて両手でお腹に力が入っていることを確認します。

ここに効く！
お腹（腹筋群）

動画をチェック！

10回×
2～3セット

体幹エクササイズ⑧
脚下げ

1　床で仰向けになり、両脚を揃えてまっすぐ伸ばし、
　両手を下腹部に添える。下腹部の力で両脚を45度ほど引き上げる。
2　かかとを床につくギリギリまで下ろし、元に戻す。

POINT

- 両手を添えると下腹部が意識しやすくなる。
- 腰にアーチができないように背中を床に押しつける。
- 両脚の重みを感じ、ブレーキをかけながら下ろす。
- かかとは床までつけず休まずに反復する。
- 膝が曲がらないように注意する。

下腹部を鍛えて脚の動きをよくする

お腹の腹筋群は、体幹ランニングで重要な役割を果たします。なかでも大切なのは脚の動きに関わる下腹部。いわゆる腹筋運動（シットアップ、クランチ）では下半身を固定して上体を起こすため、腹筋群でも上部ばかり使われがち。下腹部も鍛えましょう。

ここに効く！
お腹（腹筋群）

動画をチェック！

体幹エクササイズ⑨

腰上げ

10回×
2〜3セット

POINT

- 膝と股関節が90度に曲がるようにする。
- 頭は背骨の延長線上に置く。
- 膝を5㎝ほど真上に引き上げる気持ちでOK。

1
床で仰向けになり、両膝を曲げて揃え、ふくらはぎを床と平行に上げる。両手を頭の後ろに添える。

2
お腹の奥の筋肉を使い、腰を真上に持ち上げ、元に戻す。

インナーマッスルを強化する

筋肉には外側のアウターマッスル（表層筋）以外に、内側にもインナーマッスル（深層筋）があります。なかでも、体幹ランで大切な役目を果たすのが、股関節の腸腰筋。上半身、体幹、下半身をつなぐ唯一の筋肉を強化します。

ここに効く！
お腹（腹筋群）、股関節（腸腰筋）

動画をチェック！

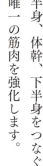

第4章

厚底シューズ時代のマラソン攻略練習メニュー

自己ベストを出す練習メニューの組み立て方を知る

目標から逆算したメニューを組み立てる

スポーツではまず、自らの目標を立てることが大切です。

アスリートはゴールから逆算して「今年は何をなすべきか」「3ヵ月後はどうなっているべきか」「今月はどうすればいいか」と現実的なゴールを定め、日々トレーニングに励んでいます。

アスリートだけではなく、フルマラソンに挑む市民ランナーにも、ゴールから逆算するという発想は大切だと私は思っています。

「歩いてもいいから制限時間内に完走したい」というなら、日々の地道な走り込みだけでも目標は達成できるかもしれません。

けれど、フルマラソンを何度か走った経験を持つ市民ランナーが、「次のレースで念願のサブ3を達成したい！」といったタイムを意識した目標をクリアしたいと願うなら、アスリートと同じように**ゴールから逆算した綿密な練習メニューに従い、計画的にトレーニングをこなす必要がある**のです。それは厚底シューズ時代でもまったく変わりません。

マラソン練習は14週間がベスト

私がこれから提案する練習メニューは、レースの日に自らの走力と体調を最高のコンディションに持っていくために考えたもの。アスリートの世界では「ピーキング」と呼ばれている方法です。

練習期間は14週間（約100日間）。それ以上短すぎると走力は十分に高まりませんし、長すぎるとモチベーションを保つのが難しくなります。マラソン練習は14週間がベストだというのが、市民ランナーを長年指導してきた私の結論なのです。

その中身は、ずっと同じ練習の繰り返しではなく、**メリハリをつけて4週間単位で「期分け」されています。**それぞれのピリオドでは、レースというゴールから逆算し、どういう狙いでこのトレーニングをするかという明確なコンセプトがあります。

14週間を4つの「期」に分ける

トレーニングのような刺激を受けると、ヒトの身体はそれに「適応」して変わります。それに要する期間はおよそ3週間。そこで蓄積した疲労を抜き、次の4週間に備えるための1週間の休養週を挟んでから、次のピリオドに挑んでいくという構成になっています。

4週間×3期＋2週間で「期分け」した狙いは次のようになっています。

14週間メニューの基本構成

基礎期（4週間）	フルマラソンを走り切るための基礎を整える時期です。
走り込み期（4週間）	目標タイムをクリアするために走り込み、走力を底上げします。
実践期（4週間）	スタミナとスピードを両立させる練習で、身体を仕上げます。
調整期（2週間）	本番に備えて走力を保ちながら疲労を抜き、体調を整えます。

走力を上げる練習の組み合わせ方を知る

ポイント練習とつなぎ練習でメリハリを

各論に入る前に、マラソン練習の基本的な考え方をおさらいしておきましょう。

マラソン練習には、**大きく分けて「ポイント練習」と「つなぎ練習」があります。**

ポイント練習は、走力を高めるうえで、文字通りポイントとなるような大事な練習。時間もかかりますから、休日（土日）に行います。

土日のセット練習で総合的な走力をアップ

さらに14週間メニューでは、**土日の2回の練習をセットとして捉える「セット練習」を行います。スタミナ系とスピード系のように、フルマラソンに必要な要素を因数分解。**分けて集中的に行う「分習法」で、総合的な走力を養うのが狙いです。

セット練習では疲労がかなり溜まります。その**疲労を抜くために翌月曜はオフにします。また、質の高いセット練習がこなせるように、前日の金曜もオフに**しましょう。

つなぎ練習は、ポイント練習のための準備的な位置付け。疲労を抜きながら、走力と筋力を落とさないように維持します。これを火曜から木曜に行います。

以上は、月曜〜金曜に働き、土日は休みのビジネスパーソンを想定した中身になっています。働き方やライフスタイルに応じて好きなようにアレンジしてみてください。

　土日が休みではないという人は、自分の休日にセット練習を行いましょう。また、悪天候や仕事の都合で想定した練習がこなせなかった場合には、その前後にズラして練習を行うなど柔軟に考えてみてください。

目標タイム別に14週間メニューの活用を

　14週間メニューのなかで行う個々の練習については、80ページ以降で具体的に説明します。**内容に応じてカーボン入りシューズを履くか、それとも履かないかのアドバイスも付記しています**から参考にしてください。

　目標タイムに応じて、個々の練習の設定タイムなどの内容は細かく変わってきます。それについては、**サブ4、サブ3・5、サブ3という3つのレベルを想定した14週間メニューを94ページ以降で紹介しています。**それぞれの目標タイム達成まであと一歩のランナーが対象です。

　練習メニューは目標の大会に向けての書き込み式ですので、トレーニング日誌としても活用できるようになっています。

設定タイムはあくまでも目安

　練習メニューのタイム設定はあくまでも目安です。走力アップを狙うポイント練習の設定タイムはなるべく厳密に守ってほしいですが、つなぎ練習の設定タイムは、無理してクリアしようとしないこと。ここのタイムは前後にある程度の幅があってかまいません。つなぎ練習で疲労が抜けず、ポイント練習ができない、ということがないようにしてください。

　身体の調子を客観的にチェックしてくれるコーチがそばについていればいいのですが、一人で練習する市民ランナーは、セルフコンディショニングが基本。つねに自分の疲労度を振り返るクセをつけましょう。故障してしまっては本末転倒です。

ジョグ

刷り込み効果が高いもっとも基本的な練習

ジョグは、ゆっくり走るトレーニング。ランナーにとってもっともなじみのあるトレーニング法であり、マラソン練習でも基本となる重要なものです。

ジョグでは、**一定ペースで走る感覚、脚作り、心肺機能の維持・向上といった効果**がすべて得られます。ペースがゆっくりだからといって、疎《おろそ》かにしてはならないもの。「ジョグを笑う者はマラソンで泣く」のです。

距離を決めると早く終えたくなり、速く走りたくなります。ゆっくり走らないと意味がないので、メニューは時間で設定しています（14週間の後半、距離で設定することもあります）。

ジョグは頻度が高く、練習時間も長いため、身体への刷り込み効果が大きいという特徴があります。ジョグで体幹ランニングができていなければ、ペースを上げたときに当然できません。結果、強度の高い練習が思ったようにこなせなかったり、股関節などに故障のようなトラブルが出てきたりする恐れも。正しいフォームを心がけましょう。

カーボン入りだとゆっくり走れないので、ジョグはカーボンなしで行いましょう。

シューズ　カーボンなし
設定ペース　サブ4：キロ6分30秒
サブ3・5：キロ6分00秒
サブ3：キロ5分20秒

LSD

心肺機能をトータルに底上げする

ジョグの距離と時間をさらに延ばしたのが、ＬＳＤ。英語のLong Slow Distance（長く・ゆっくり・距離を踏む）の頭文字を取ったものです。

距離と時間が長くなると、ジョグと同じペースでは走れませんから、設定ペースはジョグより遅くなります。

遅いからといってＬＳＤを軽視してはいけません。

ＬＳＤには、**筋肉の毛細血管を増やしたり、体脂肪を燃焼させる効率を高めたりして心肺機能を向上させる優れたトレーニング効果**があります。それが、レースでバテずに一定ペースで走り切る走力のベースを作ってくれるのです。

「ハーフ（マラソン）なら1時間20分ちょっとで走れるのに、なかなかサブ3が出せないんです」という悩みを持つランナーに、「ＬＳＤをやっていますか？」と尋ねてみると、だいたいは「いえ、やっていません」という答えが返ってきます。思い当たる人はぜひＬＳＤを見直してみてください。

カーボン入りだとゆっくり走れないので、カーボンなしで行いましょう。

シューズ　カーボンなし
設定ペース　サブ4：キロ7分15秒
サブ3・5：キロ7分00秒
サブ3：キロ6分40秒

ウインドスプリント

単調な練習にスパイスを効かせる

１本１００ｍ前後の短めの距離を、風に乗るような気持ちいいスピードで繰り返し走る練習がウインドスプリント。「流し」とも言われます。

その狙いは、**身体に速くて大きい動きの刺激を入れる**こと。距離が短いぶん、レースペース（83ページ参照）よりも速いペースでダイナミックに走ります。

ポイント練習を除くと、マラソン練習はジョグやＬＳＤといったスローペースでの練習が大きなボリュームを占めます。そうした練習もむろん不可欠ですが、遅いペースでの練習が多くなりすぎると、レースペースで余裕を持って走ることが難しくなります。

そこで求められるのが、ウインドスプリントの刺激。ジョグの後などに１００ｍのウインドスプリントを20秒程度のインターバルを挟みながら、数本入れてみましょう。それが週末のポイント練習へのよき準備になるのです。

速い練習ですから、本来ならカーボン入りシューズで走るべきですが、ジョグのあとに行うときにはそのままカーボンなしシューズで走ってください。

シューズ　カーボンなし
設定ペース　サブ4：キロ5分00秒
サブ3・5：キロ4分15秒
サブ3：キロ3分40秒

郵 便 は が き

1 1 2-8 7 3 1

東京都文京区音羽二丁目
十二番二十一号

講談社エディトリアル 行

料金受取人払郵便

小石川局承認

1158

差出有効期間
2026年 6 月27
日まで
切手をはらずに
お出しください

ご住所	□□□-□□□□		
(フリガナ) お名前		男 ・ 女	歳
ご職業	1. 会社員 2. 会社役員 3. 公務員 4. 商工自営 5. 飲食業 6. 農林漁業 7. 教職員 8. 学生 9. 自由業 10. 主婦 11. その他（ ）		

お買い上げの書店名 市 区 町 書店

このアンケートのお答えを、小社の広告などに使用させていただく場合がありますが、よろしいでしょうか？ いずれかに○をおつけください。

【 可 不可 匿名なら可 】

＊ご記入いただいた個人情報は、上記の目的以外には使用いたしません。

TY 000015-2405

愛読者カード

今後の出版企画の参考にいたしたく、ご記入のうえご投函くださいますようお願いいたします。

本のタイトルをお書きください。

a 本書をどこでお知りになりましたか。

1．新聞広告（朝、読、毎、日経、産経、他）　2．書店で実物を見て
3．雑誌（雑誌名　　　）　4．人にすすめられて
5．書評（媒体名　　　）　6．Web
7．その他（　　　）

b 本書をご購入いただいた動機をお聞かせください。

c 本書についてのご意見・ご感想をお聞かせください。

d 今後の書籍の出版で、どのような企画をお望みでしょうか。興味のあるテーマや著者についてお聞かせください。

ご協力ありがとうございました。

レースペース走

レースでのペース感覚と動きを掴む

基本的にマラソン成功のカギは一定ペースを守って走ること。ペースの上げ下げがあると、無駄な動きが増え、スタミナを奪われて後半の失速につながります。マラソンのテレビ中継では、アフリカ人ランナーのペースの上げ下げに対応した結果、失速する日本人ランナーの姿を幾度となく見かけます。

　最初から最後まで一定ペースを守った場合、ゴールタイムから逆算すると1km何分何秒で走ればいいのか。そこから割り出した平均ペースを「レースペース」と呼びます。**サブ4ならキロ5分40秒、サブ3・5ならキロ4分58秒、サブ3ならキロ4分15秒**です。この平均ペースでの練習がレースペース走。

　5週目に5km。その先はレース目標タイムによってメニューが変わります。長距離ではありませんが、設定したペースを守って走り、レースでのペース感覚と動きを掴むことが目的。これでどのくらいのキツさを感じるかが、ランナーとしての現在位置。キツい人はもっと練習を丁寧にこなしましょう。

　速い練習ですから、カーボン入りシューズで走ります。

シューズ　カーボンあり
設定ペース　サブ4：キロ5分40秒
サブ3・5：キロ4分58秒
サブ3：キロ4分15秒

坂ダッシュ

万能かつタイパ抜群の優れたトレーニング

坂ダッシュとは、上り坂を短距離ダッシュのようなスピードで駆け上がる練習。**強度は全力疾走の70％前後、坂の長さは100〜200mが最適**です。

坂を一気に駆け上がったら、下りはジョグでゆっくり戻ります。戻ったらすぐに次の1本を行います。上り坂にはほぼ故障リスクはありませんが、**着地衝撃が激しくなる下り坂は故障リスクがあるので、ダッシュではなく必ずジョグで戻ります。**

坂までウォーミングアップを兼ねてジョグで向かい、10分ほど坂ダッシュを行い、ジョグで戻ったとしても、所要時間は30分程度。それでいて心肺機能、筋力、腕振りなどが身につくのですから、万能&タイパ抜群。忙しい平日でも行えます。

急坂だと負荷が強すぎ、緩い上りではトレーニング効果が落ちます。**ベストなのは5％（100mで5m上がる）程度の坂。**近所で検索してみましょう。

上り坂が辛いと感じたら、次ページから紹介する3つの上り坂攻略スイッチを試してみてください。レース本番の上り坂でも使えますのでぜひマスターを。

16ページの理由から、カーボンなしシューズで行います。

シューズ　カーボンなし
設定ペース　全力疾走の70％前後

上り坂道攻略スイッチ❶

手前で息を吐く

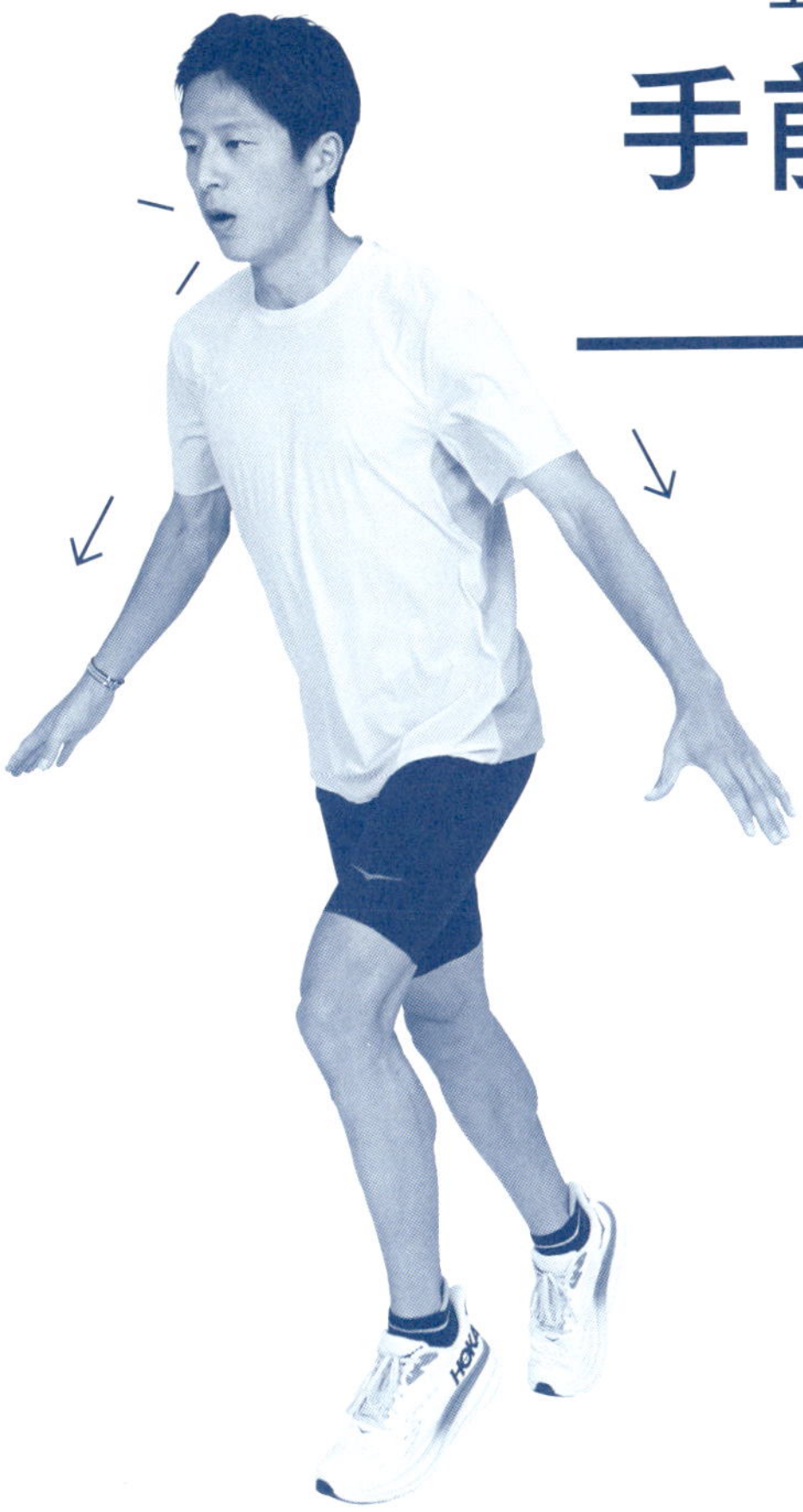

POINT

- 坂の手前で肩の力を抜いて脱力。腕も下げて重心を低く落とす。
- 口から「はーっ」と息を深く吐き切る。
- 代わりに新鮮な空気がスッと入ってくる。

両腕と肩を下げて重心を落とす

疲れて呼吸が苦しくなると肩が上がり、そのぶんだけ重心の位置も上がります。それでは上り坂では余計に苦しくなるばかり。上り坂に入る前に、両腕と肩を下げて重心を落とし、深い呼吸で新鮮な酸素を吸いましょう。

鍛えられる箇所

呼吸、重心

動画をチェック！

上り坂道攻略スイッチ❷

両腕を後ろで組む

POINT

- 走りながら両腕を後ろに伸ばして両手を組む。
- 両肩を引いて胸を開き、左右の肩甲骨を寄せる。
- しばらくそのまま走ったら、両手を離して腕を振って走る。

肩甲骨の動きを引き出す

上り坂でペースを落とさずに走り切るためには、平地以上にひじをしっかり後ろに引いて肩甲骨を動かす必要があります。失速しそうだと感じたら、両手を後ろで組み、肩甲骨を寄せる意識付けをあらためて行ってください。

鍛えられる箇所

肩甲骨

動画をチェック！

上り坂道攻略スイッチ❸

ひじを強く引く

POINT

- 走りながら胸を開いて左右の肩甲骨を寄せ、前傾姿勢を保つ。
- 肩を下げてひじを後ろに強く引く。
- ひじを引いた反動で反対側の骨盤を前へ出す。

鍛えられる箇所

骨盤

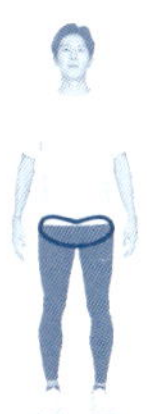

動画をチェック！

平地よりひじの動きを意識する

これは「両腕を後ろで組む」とセットで行いたいもの。一度組んだ両手を離したら、肩を意識して下げ、平地よりひじを強く後ろに引きながら走ります。するとその反動で骨盤が強くツイストされて、次の1歩が伸びます。

アップダウン走（クロスカントリー走）

上り、下りで走力アップを約束

アフリカ人マラソンランナーの強さの秘密の一つとされるのが、自然の地形の起伏を生かして行うクロスカントリー走です。一般の舗装路で行う場合も含め、アップダウン走とも呼ばれます。

上りではペースを上げなくても心肺機能が鍛えられますし、下りでは着地衝撃が大きくなって筋力が強化されます。子どもの頃から地元でクロスカントリー走を行っていることが、アフリカ人ランナーのスタミナと脚力の源なのです。

トレーニング効果がとても高い練習ですから、「近所に適度なアップダウンがない」などと嘆かずに粘り強く探してみてください。東京近郊にお住まいなら、皇居周辺がアップダウン走には最適です。

6・7週目に行います。ポイントは**上りも下りも一定ペースで走ること。**とくに上りでペースダウンしないように気をつけましょう。レースコースにもアップダウンは必ずありますから、起伏に惑わされてペースを変えないように肝に銘じましょう。

実践的な練習ですから、カーボン入りシューズで走ります。

シューズ　カーボンあり
設定ペース　サブ4：キロ6分00秒
サブ3・5：キロ5分10秒
サブ3：キロ4分50秒

ペース走（距離走）

レースペースより遅く、ジョグより速く

レースペースよりもスピードを落とす代わりに、長い距離を踏む練習が「ペース走（距離走）」。重要なのは、長距離を走る間、一定ペースをしっかり守ること。LSDとの違いは、ペースが格段に速い点です。

6週目と10週目に行います。10週目は、ハーフマラソンを走って代替してもよいでしょう。

サブ4

【6週目】キロ6分00秒

【10週目】キロ5分55秒

サブ3・5

【6週目】キロ5分30秒

【10週目】キロ5分10秒

サブ3

【6週目】キロ5分00秒

【10週目】キロ4分30秒

駅伝やマラソンの選手には、本番よりもロングの距離走を行う人もいますが、今回の練習メニューでは**セット練習にすることにより、サブ4なら15㎞、サブ3・5&サブ3狙いなら20㎞に留めて、体力の無駄な消耗を防いでいます。**

レース本番を想定しているトレーニングですから、カーボン入りシューズで実施します。

シューズ	カーボンあり
設定ペース	サブ4：キロ6分00秒 キロ5分55秒 サブ3・5：キロ5分30秒 キロ5分10秒 サブ3：キロ5分00秒 キロ4分30秒

2kmインターバル走

もっとも適した距離でインターバル走を行う

インターバル走とは、辛いペースでのハードな練習を休み休み行うもの。インターバルとは、セット間の休憩という意味です。

休憩を取れば疲労回復が促されるので、速いペースでの質の高い練習がこなせるようになり、**スタミナとスピードの双方が養えます。**１９５２年のヘルシンキ五輪の際、５０００ｍ、１万ｍ、マラソンで金メダルを獲得するという離れ技を成し遂げたエミール・ザトペック選手のトレーニング法として有名です。

いろいろなやり方がありますが、マラソンランナーにとっては１本２㎞のインターバル走がベストだというのが私の結論。

これを２～３分の休憩を挟み、数本行います。通常トラックで走ります。トラック以外ならできるだけフラットなコースで実施しましょう。

９週目に行いますが、強度の高い上級者向けのトレーニングなので、サブ４狙いのランナーは無理は禁物。代わりに、同じ週末にレースペース走を。

スピード練習ですから、カーボン入りシューズを履いて行ってください。

シューズ　カーボンあり
設定ペース　サブ3・5：キロ4分45秒～55秒
サブ3：キロ4分05秒～10秒

ビルドアップ走

スピードを段階的に上げていく

ビルドアップ走とは、一定距離をスピードを徐々に上げて走るトレーニング。

ビルドアップ走には、大きく分けて3つの段階があります。

1：始めはウォーミングアップを兼ねてレースペースより少し遅く入ります。2：次に、レースペースまでスピードを上げていきます。3：最後はレースペースよりも速く走ります。

最初から最後まで速く走るのではなく、**段階的にスピードを上げていきますから、速くなっても体幹ランニングのフォームが崩れることはなく、質の高い練習が行えます。**心肺機能が高まり、スピード感覚も養える実践的なトレーニングです。

基本的には上級者向けのトレーニングですが、サブ4以上を狙うランナーなら、後半の実践期の練習に取り入れてください。

サブ4は、11週目と14週目に10㎞行います。サブ3・5は、11週目に10㎞、13週目に15㎞、14週目に10㎞。サブ3は、11週目に15㎞、13週目に20㎞、14週目に10㎞。設定ペースは、練習メニューに明記しましたが、週を追うごとに厳しくなっていきます。

速い練習ですから、カーボン入りのシューズで走ります。

シューズ　カーボンあり
設定ペース　週によって異なる

持久走

セット練習で走力アップに貢献する

学校体育では、長距離走のことを「持久走」と呼ぶことがあります。しかし、マラソン練習の持久走はそれとはまったく異なります。マラソン練習における持久走は、レースペースよりも遅く、ジョグよりも速い一定ペースで走るトレーニング。

　ペース走（距離走）との違いは、持久走は体調や気候の影響でペースが多少遅くなったとしても、長い距離を踏んで、しっかり走り切ることが重要である点。サブ4は20㎞、サブ3・5とサブ3は30㎞です。

　この持久走はポイント練習。実践期、11週目の土日に連続して行うセット練習の重要なメニューの一つとして取り入れます。土曜にビルドアップ走を行ったあと、日曜にセットで実施するのです。

　たとえ設定ペースがレースペースより遅いとしても、**前日にレースペースを超えるペースまで上げるビルドアップ走で足を使って疲れさせていますから、セット練習効果で走力アップとペース感覚の養成に大いに貢献できる**のです。

　実践練習ですから、カーボン入りシューズで行ってください。

シューズ　カーボンあり
設定ペース　サブ4：キロ6分15秒
サブ3・5：キロ5分30秒
サブ3：キロ4分45秒

第5章

サブ4・サブ3.5・サブ3 目標タイム別 書き込み式 14週間メニュー

サブ 4

基礎期

1週目

基礎期はゆっくり走るジョグとLSD(約12km)がメイン。焦らず、段階的に脚作りをしていこう。ジョグは、あくまでゆっくり走るトレーニングだから、カーボンプレートなしのシューズで走るのが鉄則。しかし、カーボン入りシューズを履く機会を増やして足を慣らすという意味で、週1回(土曜)はカーボン入りで走っておきたい。

日にち	内容	カーボンプレート	走行距離
／(月)	オフ		
／(火)	□ 45分ジョグ(キロ6分30秒)	なし	km
／(水)	オフ		
／(木)	□ 45分ジョグ(キロ6分30秒)	なし	km
／(金)	オフ		
／(土)	□ 45分ジョグ(キロ6分30秒)	あり	km
／(日)	□ **90分LSD(キロ7分15秒)**	なし	km
		合計	km

＊太字はポイント練習、それ以外はつなぎ練習

サブ **4**

基礎期

2 週目

1週目との大きな違いは、ジョグの後にウインドスプリントをプラスしていること。1本100mを3本(インターバルは20秒)やっておくのだ。練習がジョグとLSD(約14km)ばかりだと、身体がスローペースに慣れすぎる心配もある。そこでレースペースよりも速いスピードで走るウインドスプリントで適度な刺激を加えるのが目的だ。

日にち	内容	カーボンプレート	走行距離
／（月）	オフ		
／（火）	□ 45分ジョグ（キロ6分30秒） ＋ウインドスプリント100m（キロ5分00秒）×3本	なし	km
／（水）	オフ		
／（木）	□ 45分ジョグ（キロ6分30秒） ＋ウインドスプリント100m（キロ5分00秒）×3本	なし	km
／（金）	オフ		
／（土）	□ 45分ジョグ（キロ6分30秒） ＋ウインドスプリント100m（キロ5分00秒）×3本	あり	km
／（日）	□ **100分LSD（キロ7分15秒）**	なし	km
		合計	km
		2週間の総合計	km

＊太字はポイント練習、それ以外はつなぎ練習

サブ 4

基礎 期

3 週目

週を追うごとにLSDの時間が延びて、この週では120分(約16.5km)になる。土曜のジョグ+ウインドスプリント(余裕があれば5本やってみよう)とのセット練習だ。2時間もあるから、途中コンビニに立ち寄ってスポドリを飲むなど、マラニック(ピクニック的に楽しむ長距離走)的に休み休み、楽しみつつ実施したい。

日にち	内容	カーボンプレート	走行距離
／(月)	オフ		
／(火)	□ 45分ジョグ(キロ6分30秒)	なし	km
／(水)	オフ		
／(木)	□ 45分ジョグ(キロ6分30秒)	なし	km
／(金)	オフ		
／(土)	□ **【セット練】 45分ジョグ(キロ6分30秒) +ウインドスプリント100m(キロ5分00秒)×3〜5本**	あり	km
／(日)	□ **【セット練】120分LSD(キロ7分15秒)**	なし	km
		合計	km
		3週間の総合計	km

*太字はポイント練習、それ以外はつなぎ練習

サブ4

休養週

4週目

3週間の練習で身体には疲労が溜まっている。それを無視して次の走り込み期に突入すると、練習メニューが予定通りこなせない場合もあり得る。練習量を落として休養にしよう。練習量を減らして消費カロリーが低下すると、体脂肪も体重も増えやすい。余計な体脂肪は自己ベスト更新の天敵。食事に気をつけて体重を増やさない。

日にち	内容	カーボンプレート	走行距離
／（月）	オフ		
／（火）	□ 45分ジョグ（キロ6分30秒）	なし	km
／（水）	オフ		
／（木）	□ 45分ジョグ（キロ6分30秒）	なし	km
／（金）	オフ		
／（土）	□ 45分ジョグ（キロ6分30秒）	あり	km
／（日）	□ 60分LSD（キロ7分15秒）	なし	km
		合計	km
		4週間の総合計	km

＊太字はポイント練習、それ以外はつなぎ練習

サブ 4

走り込み期

5週目

走力を伸ばしていく走り込み期に入った。土曜に行うレースペース走がこの週のハイライト。サブ４の平均レースペースはキロ５分40秒。これがラクか辛いかで現段階の走力が把握できる。いきなりレースペースでは走れないから15分程度のジョグでウォーミングアップを行い、ウインドスプリントを２～３本こなしてからトライする。

日にち	内容	カーボンプレート	走行距離
／（月）	オフ		
／（火）	□ 60分ジョグ（キロ6分30秒）	なし	km
／（水）	オフ		
／（木）	□ 60分ジョグ（キロ6分30秒）	なし	km
／（金）	オフ		
／（土）	□ **【セット練】15分ジョグ（キロ6分30秒） ＋ウインドスプリント100m（キロ5分00秒）×2～3本 ＋5kmレースペース走（キロ5分40秒）**	あり	km
／（日）	□ **【セット練】100分LSD（キロ7分15秒）**	なし	km

＊太字はポイント練習、それ以外はつなぎ練習

合計	km
5週間の総合計	km

サブ 4

走り込み期

6 週目

坂ダッシュ、アップダウン走、ペース走と新メニューが3つも登場する。坂ダッシュは土日のセット練習へのつなぎ的な存在。土曜のアップダウン走で足を追い込み、日曜の15kmペース走でスタミナを高めていく。坂ダッシュとアップダウン走に適したコースは、4週目の休養週までに自宅からアクセスのよい場所を見つけておきたい。

日にち	内容	カーボンプレート	走行距離
／（月）	オフ		
／（火）	□ 40分ジョグ（キロ6分30秒）	なし	km
／（水）	□ **坂ダッシュ100〜200m×7本**	なし	km
／（木）	□ 40分ジョグ（キロ6分30秒）	なし	km
／（金）	オフ		
／（土）	□ **【セット練】40分アップダウン走（キロ6分00秒）**	あり	km
／（日）	□ **【セット練】15kmペース走（キロ6分00秒）**	あり	km
		合計	km
		6週間の総合計	km

＊太字はポイント練習、それ以外はつなぎ練習

サブ 4

走り込み期

7 週目

坂ダッシュとアップダウン走は６週目と同じだが、土日のセット練習のカップリング内容が変わる。６週目の日曜は15km走だったが、７週目は120分LSDだ。水曜の坂ダッシュは、６週目と７週目のセット練習をつなぐブリッジ的な役割がある。疲労が溜まっているから、辛かったら坂から下りて少し休み、次の１本に取り組む。

日にち	内容	カーボンプレート	走行距離
／（月）	オフ		
／（火）	□ 40分ジョグ（キロ6分30秒）	なし	km
／（水）	□ **坂ダッシュ100～200m×7本**	なし	km
／（木）	□ 40分ジョグ（キロ6分30秒）	なし	km
／（金）	オフ		
／（土）	□ **【セット練】40分アップダウン走（キロ6分00秒）**	あり	km
／（日）	□ **【セット練】120分LSD（キロ7分15秒）**	なし	km
		合計	km
		7週間の総合計	km

＊太字はポイント練習、それ以外はつなぎ練習

サブ 4

休養 週

8 週目

次の実践期がこの14週間の天王山。ここをクリアできるかできないかで、サブ4達成の確率は大いに左右される。実践期に備えて疲労のリカバリーに努めたい。疲労の抜けない自覚があるなら、スーパー銭湯でじっくり入浴したり、メンテナンスのためになじみのスポーツマッサージ店に出かけ、気になる箇所を集中ケアしたりする。

日にち	内容	カーボンプレート	走行距離
／（月）	オフ		
／（火）	□ 45分ジョグ（キロ6分30秒）	なし	km
／（水）	オフ		
／（木）	□ 45分ジョグ（キロ6分30秒）	なし	km
／（金）	オフ		
／（土）	□ 45分ジョグ（キロ6分30秒）	あり	km
／（日）	□ 60分 LSD（キロ7分15秒）	なし	km
		合計	km
		8週間の総合計	km

＊太字はポイント練習、それ以外はつなぎ練習

サブ 4

実践期

9 週目

14週間メニューも後半戦に突入する。9週目のクライマックスは、土曜の10km レースペース走。事前に15分程度のジョグ＋ウインドスプリント2〜3本を行うことをお忘れなく。日曜の90分LSDはレースペース走のクールダウンの気持ちで行う。スピード練習後のLSDでスタミナが枯渇しないように“スタミナにふた”をしよう。

日にち	内容	カーボンプレート	走行距離
／（月）	オフ		
／（火）	□ 40分ジョグ（キロ6分30秒）	なし	km
／（水）	□ **坂ダッシュ100〜200m×7本**	なし	km
／（木）	□ 40分ジョグ（キロ6分30秒）	なし	km
／（金）	オフ		
／（土）	□ **【セット練】15分ジョグ（キロ6分30秒）＋ウインドスプリント100m（キロ5分00秒）×2〜3本＋10kmレースペース走（キロ5分40秒）**	あり	km
／（日）	□ **【セット練】90分LSD（キロ7分15秒）**	なし	km
		合計	km
		9週間の総合計	km

＊太字はポイント練習、それ以外はつなぎ練習

サブ4

実践期

10週目

土日のセット練習は100分LSD(約14km)と15kmペース走。両日でトータル約30km走る。15kmペース走は、エントリーしておいたハーフマラソンを走ってもいい。その際、土曜は100分LSDだと疲労が残るので、60分ジョグにする。水曜のジョグ+ウインドスプリントは、9週目と10週目の土日のセット練習の橋渡し役。

日にち	内容	カーボンプレート	走行距離
／(月)	オフ		
／(火)	□ 40分ジョグ(キロ6分30秒)	なし	km
／(水)	□ **60分ジョグ(キロ6分30秒) +ウインドスプリント100m(キロ5分00秒)×3本**	なし	km
／(木)	□ 40分ジョグ(キロ6分30秒)	なし	km
／(金)	オフ		
／(土)	□ **【セット練】100分LSD(キロ7分15秒)**	なし	km
／(日)	□ **【セット練】15kmペース走(キロ5分55秒)**	あり	km
		合計	km
		10週間の総合計	km

*太字はポイント練習、それ以外はつなぎ練習

サブ 4

実践期

11週目

マラソンランナーは練習終盤に30km走を行うことも多いけれど、サブ４レベルでは疲労が抜けないケースもあるので、無理に行わない。代わりにやるのが、土日の10kmビルドアップ走＋20km持久走のセット練習。土曜のビルドアップ走でスピードを養い、翌日の20km持久走でスタミナを高める「分習法」によって30km走は代替できる。

日にち	内容	カーボンプレート	走行距離
／（月）	オフ		
／（火）	オフ		
／（水）	□ 40分ジョグ（キロ6分30秒）	なし	km
／（木）	オフ		
／（金）	オフ		
／（土）	□ **【セット練】10kmビルドアップ走（キロ6分20秒からレースペースのキロ5分40秒まで上げる）**	あり	km
／（日）	□ **【セット練】20km持久走（キロ6分15秒）**	あり	km
		合計	km
		11週間の総合計	km

＊太字はポイント練習、それ以外はつなぎ練習

サブ 4

休養週

12週目

ハードな実践期が終わり、疲労はピークに達している。レースが目前に迫り、不安が募って走りたくなる時期だが、ぐっと我慢してリカバリーに励む。これまでの休養週のようにジョグ＆LSDオンリーでは筋力が落ちる恐れがある。土曜のジョグの後にウインドスプリントで刺激を入れ、スピード感覚が鈍らないように保つ。

日にち	内容	カーボンプレート	走行距離
／（月）	オフ		
／（火）	オフ		
／（水）	□ 40分ジョグ（キロ6分30秒）	なし	km
／（木）	オフ		
／（金）	オフ		
／（土）	□ 40分ジョグ（キロ6分30秒） ＋ウインドスプリント100m（キロ5分00秒）×3本	あり	km
／（日）	□ 90分LSD（キロ7分15秒）	なし	km
		合計	km
		12週間の総合計	km

＊太字はポイント練習、それ以外はつなぎ練習

サブ 4

調整期

13 週目

この2週間でレース当日に体調のピークが来るように調整する。本番に備え、カーボン入りで走る練習も増やす。セット練習は疲労が溜まらない負荷で。土曜のレースペース走では、短めの距離でスピード系の刺激を入れて、日曜のLSD(約12km)で“スタミナにふた”をする。水曜のジョグにウインドスプリントを加えて走力の落ち込みを防ぐ。

日にち	内容	カーボンプレート	走行距離
／（月）	オフ		
／（火）	オフ		
／（水）	□ 60分ジョグ(キロ6分30秒) ＋ウインドスプリント100m(キロ5分00秒)×3本	あり	km
／（木）	オフ		
／（金）	オフ		
／（土）	□ **【セット練】15分ジョグ(キロ6分30秒)** **＋ウインドスプリント100m(キロ5分00秒)×2～3本** **＋10kmレースペース走(キロ5分40秒)**	あり	km
／（日）	□ **【セット練】90分LSD(キロ7分15秒)**	なし	km

＊太字はポイント練習、それ以外はつなぎ練習

合計	km
13週間の総合計	km

サブ 4

調整期

14 週目

運命の最終週だ。疲れを溜めずに走力を維持するため、ウインドスプリントが多めに入る。重要なポイント練習は水曜のビルドアップ走。ペースの最終確認をしながら、ラストはレースペースよりも速いキロ５分30秒まで上げてみる。レース前日はジョグ＋ウインドスプリントで刺激を入れて締める。練習は裏切らないと信じて翌朝を迎えたい。

日にち	内容	カーボンプレート	走行距離
／（月）	オフ		
／（火）	オフ		
／（水）	□ **10kmビルドアップ走（キロ6分00秒からキロ5分30秒まで上げる）**	あり	km
／（木）	□ 40分ジョグ（キロ6分30秒）＋ウインドスプリント100m（キロ5分00秒）×３本	なし	km
／（金）	オフ		
／（土）	□ **40分ジョグ（キロ6分30秒）＋ウインドスプリント100m（キロ5分00秒）×３本**	あり	km
		合計	km
		14週間の総合計	km

＊太字はポイント練習、それ以外はつなぎ練習

＼ レース本番！ ／

／（日）	マラソン	カーボンプレートあり	タイム ：　'　"

サブ 3.5

基礎 期

1 週目

オープニングを告げる基礎期の1週目は、おなじみのジョグとLSD(約14.2km)でまさに足固めをスタートさせる。ハードなセット練習はまだ行わなくていいのだ。ジョグは通常カーボンプレートなしのシューズで走るものだが、カーボン入りシューズに早めに足を慣らしておくため、週1回(土曜)はカーボン入りシューズで練習するように。

日にち	内容	カーボンプレート	走行距離
／(月)	オフ		
／(火)	□ 45分ジョグ(キロ6分00秒)	なし	km
／(水)	オフ		
／(木)	□ 45分ジョグ(キロ6分00秒)	なし	km
／(金)	オフ		
／(土)	□ 45分ジョグ(キロ6分00秒)	あり	km
／(日)	□ **100分LSD(キロ7分00秒)**	なし	km
		合計	km

＊太字はポイント練習、それ以外はつなぎ練習

サブ 3.5

基礎 期

2 週目

週3回のジョグの仕上げに、サブ3のレースペースでのウインドスプリントをプラス。1本100mを5本(インターバルは20秒)行って、筋肉に刺激を入れ、ジョグやLSDでは養えないスピード感覚を培うのだ。日曜の120分 LSD(約17km)は時間も距離も長くなるから、途中コンビニなどに立ち寄りながら休み休み気楽にやろう。

日にち	内容	カーボンプレート	走行距離
／（月）	オフ		
／（火）	□ 60分ジョグ（キロ6分00秒） ＋ウインドスプリント100m（キロ4分15秒）×5本	なし	km
／（水）	オフ		
／（木）	□ 60分ジョグ（キロ6分00秒） ＋ウインドスプリント100m（キロ4分15秒）×5本	なし	km
／（金）	オフ		
／（土）	□ 60分ジョグ（キロ6分00秒） ＋ウインドスプリント100m（キロ4分15秒）×5本	あり	km
／（日）	□ **120分LSD（キロ7分00秒）**	なし	km
		合計	km
		2週間の総合計	km

＊太字はポイント練習、それ以外はつなぎ練習

サブ 3.5

基礎 期

3 週目

土日にセット練習が登場。土曜のジョグ後のウインドスプリントは可能なら7本やり、LSDの前にあえて足を使っておく。日曜の150分LSDの走行距離は約21.4km。ハーフマラソン(21.0975km)を超える距離を走る。サブ3.5の想定平均レースペースよりかなり遅いが、3週目でこれだけゆっくりラクに走れたら自信になるだろう。

日にち	内容	カーボンプレート	走行距離
／(月)	オフ		
／(火)	□ 60分ジョグ(キロ6分00秒)	なし	km
／(水)	□ 60分ジョグ(キロ6分00秒)	なし	km
／(木)	□ 60分ジョグ(キロ6分00秒)	なし	km
／(金)	オフ		
／(土)	□ **【セット練】60分ジョグ(キロ6分00秒)＋ウインドスプリント100m(キロ4分15秒)×5〜7本**	あり	km
／(日)	□ **【セット練】150分LSD(キロ7分00秒)**	なし	km
		合計	km
		3週間の総合計	km

＊太字はポイント練習、それ以外はつなぎ練習

サブ 3.5

休養週

4 週目

基礎期はほぼジョグとLSDだけといっても、3週目には週60km(月間換算で240km)以上走っている。気づかないうちに疲労が溜まっているから、より強度の高い練習が控える走り込み期に備え、練習量を落として休養に努める。練習量を減らすとどうしても体重が増えやすいから、暴飲暴食などくれぐれもせぬよう。

日にち	内容	カーボンプレート	走行距離
／(月)	オフ		
／(火)	□ 45分ジョグ(キロ6分00秒)	なし	km
／(水)	オフ		
／(木)	□ 45分ジョグ(キロ6分00秒)	なし	km
／(金)	オフ		
／(土)	□ 45分ジョグ(キロ6分00秒)	あり	km
／(日)	□ 80分LSD(キロ7分00秒)	なし	km
		合計	km
		4週間の総合計	km

＊太字はポイント練習、それ以外はつなぎ練習

サブ 3.5
走り込み期
5週目

走り込み期の幕開け、水曜に5kmのレースペース走を行う。サブ3.5の平均レースペース（キロ4分58秒）を身体に覚えこませるのが目的だ。最終的にはこのペースで走っても辛さを感じないように走力を底上げする。15分程度のジョグでウォーミングアップを行い、ウインドスプリントを2～3本こなして挑む。120分LSDは約17km。

日にち	内容	カーボンプレート	走行距離
／（月）	オフ		
／（火）	□ 60分ジョグ（キロ6分00秒）	なし	km
／（水）	□ **15分ジョグ（キロ6分00秒）＋ウインドスプリント100m（キロ4分15秒）×2～3本＋5kmレースペース走（キロ4分58秒）**	あり	km
／（木）	□ 60分ジョグ（キロ6分00秒）	なし	km
／（金）	オフ		
／（土）	□ **【セット練】90分ジョグ（キロ6分00秒）**	あり	km
／（日）	□ **【セット練】120分LSD（キロ7分00秒）**	なし	km
		合計	km
		5週間の総合計	km

＊太字はポイント練習、それ以外はつなぎ練習

サブ 3.5 走り込み期 6週目

走り込み期の山場は6週目。ポイント練習に坂ダッシュ、アップダウン走、ペース走が加わる。土曜のアップダウン走で足を追い込んでから、日曜の20kmペース走でスタミナをつける。坂ダッシュとアップダウン走のコースは、直前に慌てて探しても見つからない恐れがある。4週目の休養週までにあらかじめ目星をつけておいてほしい。

日にち	内容	カーボンプレート	走行距離
／（月）	オフ		
／（火）	□ 60分ジョグ（キロ6分00秒）	なし	km
／（水）	□ **坂ダッシュ100〜200m×10本**	なし	km
／（木）	□ 60分ジョグ（キロ6分00秒）	なし	km
／（金）	オフ		
／（土）	□ **【セット練】40分アップダウン走（キロ5分10秒）**	あり	km
／（日）	□ **【セット練】20kmペース走（キロ5分30秒）**	あり	km
		合計	km
		6週間の総合計	km

＊太字はポイント練習、それ以外はつなぎ練習

サブ 3.5
走り込み期 期
7 週目

レースペースはキロ４分58秒。アップダウン走の設定はキロ５分10秒だが、上りもペースを落とさないから、辛さはあまり変わらないかもしれない。６週目の日曜は20km走だったが、７週目は150分LSD。走行距離は約21km。速めのペースで走った翌日の長めのLSDで、スタミナが落ちないように“スタミナにふた”をしてやるのだ。

日にち	内容	カーボンプレート	走行距離
／（月）	オフ		
／（火）	□ 60分ジョグ（キロ6分00秒）	なし	km
／（水）	□ **坂ダッシュ100〜200m×10本**	なし	km
／（木）	□ 60分ジョグ（キロ6分00秒）	なし	km
／（金）	オフ		
／（土）	□ **【セット練】40分アップダウン走（キロ5分10秒）**	あり	km
／（日）	□ **【セット練】150分LSD（キロ7分00秒）**	なし	km
		合計	km
		7週間の総合計	km

＊太字はポイント練習、それ以外はつなぎ練習

サブ 3.5

休養週

8 週目

5～7週はいずれも週間走行距離が50km前後。坂ダッシュや起伏を伴う練習も含まれているから、疲労の溜まり具合は基礎期をはるかに上回るだろう。14週間メニューでことに重要な実践期のトレーニングを充実させるためにも、浴槽入浴やマッサージも必要に応じて活用しながら、疲労はしっかりリセットしておきたいもの。

日にち	内容	カーボンプレート	走行距離
／（月）	オフ		
／（火）	□ 45分ジョグ（キロ6分00秒）	なし	km
／（水）	オフ		
／（木）	□ 45分ジョグ（キロ6分00秒）	なし	km
／（金）	オフ		
／（土）	□ 45分ジョグ（キロ6分00秒）	あり	km
／（日）	□ 90分 LSD（キロ7分00秒）	なし	km
		合計	km
		8週間の総合計	km

＊太字はポイント練習、それ以外はつなぎ練習

サブ **3.5**

実践期

9 週目

「期分け」の締めくくりとなるのは実質3週間の実践期。鍵を握るのは日曜に行う2kmインターバル走。レースペースより速いキロ4分45秒〜55秒で2kmを3本(インターバルは2〜3分)。土曜のジョグでスタミナ、日曜のインターバル走でスピードを身につける。ジョグは距離感覚を養うため、時間ではなく距離を決めて行う。

日にち	内容	カーボンプレート	走行距離
／(月)	オフ		
／(火)	□ 60分ジョグ(キロ6分00秒)	なし	km
／(水)	□ **坂ダッシュ100〜200m×10本**	なし	km
／(木)	□ 60分ジョグ(キロ6分00秒)	なし	km
／(金)	オフ		
／(土)	□ **【セット練】20kmジョグ(キロ6分00秒)**	あり	km
／(日)	□ **【セット練】 2kmインターバル走(キロ4分45秒〜55秒)×3本**	あり	km
		合計	km
		9週間の総合計	km

＊太字はポイント練習、それ以外はつなぎ練習

サブ 3.5

実践 期

10 週目

土曜の150分LSDで約21.4km、日曜に行う20kmペース走と合計すると走行距離はトータル約41.4kmとなり、フルマラソンに匹敵する。20kmペース走は、あらかじめエントリーしておいたハーフマラソンを走ってもいいだろう。水曜のジョグ+ウインドスプリントは、9週目と10週目のセット練習をつなぐブリッジ的な役目を担っている。

日にち	内容	カーボンプレート	走行距離
／（月）	オフ		
／（火）	□ 60分ジョグ（キロ6分00秒）	なし	km
／（水）	□ **60分ジョグ（キロ6分00秒）＋ウインドスプリント100m（キロ4分15秒）×5本**	なし	km
／（木）	□ 60分ジョグ（キロ6分00秒）	なし	km
／（金）	オフ		
／（土）	□ **【セット練】150分LSD（キロ7分00秒）**	なし	km
／（日）	□ **【セット練】20kmペース走（キロ5分10秒）**	あり	km
		合計	km
		10週間の総合計	km

＊太字はポイント練習、それ以外はつなぎ練習

サブ 3.5

実践期

11 週目

10週のセット練習は150分LSD＋20kmペース走だったが、11週では10kmビルドアップ走＋30km持久走(いわゆる30km走)にアップグレードされている。前日のビルドアップ走の疲労は残っているだろうが(それがセット練習の狙い)、何とかペースを落とさず30km走り切ろう。平日のつなぎ練習は水曜のジョグのみ。

日にち	内容	カーボンプレート	走行距離
／（月）	オフ		
／（火）	オフ		
／（水）	□ 60分ジョグ（キロ6分00秒）	なし	km
／（木）	オフ		
／（金）	オフ		
／（土）	□ **【セット練】10kmビルドアップ走（キロ5分30秒からレースペースのキロ4分58秒まで上げる）**	あり	km
／（日）	□ **【セット練】30km持久走（キロ5分30秒）**	あり	km
		合計	km
		11週間の総合計	km

＊太字はポイント練習、それ以外はつなぎ練習

サブ 3.5

休養週

12 週目

土日のセット練習で40kmをクリアしたあとだから、休養週では本番に備えて確実なリカバリーを心がける。ただし休みすぎて筋力がダウンしないように、ジョグにはウインドスプリントやレースペース走(今回はジョグに続いて行う)といったスピード練習を組み合わせる。必要に応じて浴槽入浴やマッサージも活用して。100分LSDは約14.2km。

日にち	内容	カーボンプレート	走行距離
／（月）	オフ		
／（火）	オフ		
／（水）	□ 60分ジョグ（キロ6分00秒） ＋ウインドスプリント100m（キロ4分15秒）×３本	なし	km
／（木）	オフ		
／（金）	オフ		
／（土）	□ 40分ジョグ（キロ6分00秒） ＋1kmレースペース走（キロ4分58秒）	あり	km
／（日）	□ 100分LSD（キロ7分00秒）	なし	km
		合計	km
		12週間の総合計	km

＊太字はポイント練習、それ以外はつなぎ練習

サブ 3.5 調整期 13週目

レース当日に向けてコンディションをピークに持っていく期間。カーボン入りで走る機会を増やす。土曜のビルドアップ走ではキロ５分20秒から始め、レースペースを上回る４分40秒まで上げる。これが余力を持ってクリアできたら、サブ3.5はほぼ当確。土日の走行距離は計約30km。水曜のジョグの後にウインドスプリントを入れて走力を保つ。

日にち	内容	カーボンプレート	走行距離
／（月）	オフ		
／（火）	オフ		
／（水）	□ 60分ジョグ（キロ6分00秒）＋ウインドスプリント100m（キロ4分15秒）×３本	あり	km
／（木）	オフ		
／（金）	オフ		
／（土）	□ **【セット練】15kmビルドアップ走（キロ5分20秒からキロ4分40秒まで上げる）**	あり	km
／（日）	□ **【セット練】100分LSD（キロ7分00秒）**	なし	km
		合計	km
		13週間の総合計	km

＊太字はポイント練習、それ以外はつなぎ練習

サブ 3.5

調整期

14 週目

レースを日曜に控えた最終週も気は抜けない。先週に続いてビルドアップ走を水曜に。先週と同じくレースペースよりも速いキロ４分40秒まで余裕を持って上げ、ペースを最終的に確認する。ジョグ後にはウインドスプリントまたはレースペース走を実施してスピード感覚を保つ。土曜の練習を笑顔で終えたら早めに寝よう。

日にち	内容	カーボンプレート	走行距離
／（月）	オフ		
／（火）	オフ		
／（水）	□ **10kmビルドアップ走（キロ5分20秒からキロ4分40秒まで上げる）**	あり	km
／（木）	□ 40分ジョグ（キロ6分00秒）＋ウインドスプリント100m（キロ4分15秒）×３本	なし	km
／（金）	オフ		
／（土）	□ **30分ジョグ（キロ6分00秒）＋1kmレースペース走（キロ4分58秒）**	あり	km
		合計	km
		14週間の総合計	km

＊太字はポイント練習、それ以外はつなぎ練習

＼ レース本番！ ／

日にち	内容	カーボンプレート	タイム
／（日）	マラソン	あり	： ' "

サブ3

基礎期

1週目

サブ3のために必要なのも、まずは基礎固め。はやる心を抑えつつ、スローペースのジョグとLSD（約18km）で地道な脚作りから始めよう。このレベルのランナーは日頃からカーボン入りシューズを愛用しているだろうが、ジョグとLSDはカーボンなしのシューズで走る。ただし週1回（土曜）はカーボン入りシューズで走っておく。

日にち	内容	カーボンプレート	走行距離
／（月）	オフ		
／（火）	□ 60分ジョグ（キロ5分20秒）	なし	km
／（水）	オフ		
／（木）	□ 60分ジョグ（キロ5分20秒）	なし	km
／（金）	オフ		
／（土）	□ 60分ジョグ（キロ5分20秒）	あり	km
／（日）	□ **120分LSD（キロ6分40秒）**	なし	km
		合計	km

＊太字はポイント練習、それ以外はつなぎ練習

サブ3

基礎期

2週目

基礎期はレースペース以下での練習が多いが、それに慣れすぎるのはNG。週3回のジョグにレースペースを超えるキロ3分40秒でのウインドスプリントを追加。1本100m×5本(インターバルは20秒)で筋肉を刺激しつつスピード感覚を磨く。日曜の150分LSD(約22.5km)はコンビニなどに立ち寄り、休み休みやろう。

日にち	内容	カーボンプレート	走行距離
／（月）	オフ		
／（火）	□ 60分ジョグ（キロ5分20秒） ＋ウインドスプリント100m（キロ3分40秒）×5本	なし	km
／（水）	オフ		
／（木）	□ 60分ジョグ（キロ5分20秒） ＋ウインドスプリント100m（キロ3分40秒）×5本	なし	km
／（金）	オフ		
／（土）	□ 60分ジョグ（キロ5分20秒） ＋ウインドスプリント100m（キロ3分40秒）×5本	あり	km
／（日）	□ **150分LSD（キロ6分40秒）**	なし	km
		合計	km
		2週間の総合計	km

＊太字はポイント練習、それ以外はつなぎ練習

サブ3

基礎期

3週目

土日のセット練習はなかなかハード。土曜はジョグの後、ウインドスプリントを10本入れる。一転して日曜は180分（約27km）のLSD。ハーフマラソン（21.0975km）をはるかに超える距離を走破する。自己ベスト更新にはスピードとスタミナの双方が求められるが、土曜にスピード＋日曜にスタミナを高める作戦なのである。

日にち	内容	カーボンプレート	走行距離
／（月）	オフ		
／（火）	□ 60分ジョグ（キロ5分20秒）	なし	km
／（水）	□ 60分ジョグ（キロ5分20秒）	なし	km
／（木）	□ 60分ジョグ（キロ5分20秒）	なし	km
／（金）	オフ		
／（土）	□ **【セット練】** **60分ジョグ（キロ5分20秒）** **＋ウインドスプリント100m（キロ3分40秒）×10本**	あり	km
／（日）	□ **【セット練】180分LSD（キロ6分40秒）**	なし	km
		合計	km
		3週間の総合計	km

＊太字はポイント練習、それ以外はつなぎ練習

サブ3

休養週

4週目

サブ3狙いのランナーは経験豊富だから、疲労の蓄積による弊害は承知のはず。4週間ごとの「期分け」で、最後の4週目に練習量を減らしてリカバリーにあてることにも素直に納得してくれるだろう。こちらからアドバイスするまでもなく暴飲暴食も控えるはず。疲労回復を促すタンパク質、ビタミン、ミネラルをチャージする。

日にち	内容	カーボンプレート	走行距離
／（月）	オフ		
／（火）	□ 60分ジョグ（キロ5分20秒）	なし	km
／（水）	オフ		
／（木）	□ 60分ジョグ（キロ5分20秒）	なし	km
／（金）	オフ		
／（土）	□ 60分ジョグ（キロ5分20秒）	あり	km
／（日）	□ 90分 LSD（キロ6分40秒）	なし	km
		合計	km
		4週間の総合計	km

＊太字はポイント練習、それ以外はつなぎ練習

サブ3 走り込み期 5週目

ここからは走り込み。大切なのは、水曜に行う5kmレースペース走。サブ3の平均レースペース(キロ4分15秒)で走り、どのくらいの辛さを感じるかを確かめる。すると「あれを辛く感じないためにどうすべきか」という逆算で練習がこなせる。レースペース走は15分程度のジョグ+ウインドスプリント×2〜3本後に実施。

日にち	内容	カーボンプレート	走行距離
／(月)	オフ		
／(火)	□ 60分ジョグ(キロ5分20秒)	なし	km
／(水)	□ **15分ジョグ(キロ5分20秒) +ウインドスプリント100m(キロ3分40秒)×2〜3本 +5kmレースペース走(キロ4分15秒)**	あり	km
／(木)	□ 60分ジョグ(キロ5分20秒)	なし	km
／(金)	オフ		
／(土)	□ **【セット練】90分ジョグ(キロ5分20秒)**	あり	km
／(日)	□ **【セット練】150分LSD(キロ6分40秒)**	なし	km

*太字はポイント練習、それ以外はつなぎ練習

合計	km
5週間の総合計	km

サブ3 走り込み期 6週目

ポイント練習に坂ダッシュ、アップダウン走、ペース走が加わる6週目は、走り込み期でもいちばんしんどい。ジョグで疲れを抜きつつ、めげずに乗り越えよう。サブ3目前のランナーなら、坂ダッシュとアップダウン走に適したコースはおそらく知っているはず。アップダウン走＋20kmペース走のセット練習で走力がアップする。

日にち	内容	カーボンプレート	走行距離
／（月）	オフ		
／（火）	□ 60分ジョグ（キロ5分20秒）	なし	km
／（水）	□ **坂ダッシュ100〜200m×10本**	なし	km
／（木）	□ 60分ジョグ（キロ5分20秒）	なし	km
／（金）	オフ		
／（土）	□ **【セット練】90分アップダウン走（キロ4分50秒）**	あり	km
／（日）	□ **【セット練】20kmペース走（キロ5分00秒）**	あり	km
		合計	km
		6週間の総合計	km

＊太字はポイント練習、それ以外はつなぎ練習

サブ3 走り込み期 7週目

6週目の土日のセット練習は、90分アップダウン走約18.6km＋20km走でトータルの走行距離は38km超。さらに7週目の土日のセット練習は、90分アップダウン走約18.6km＋180分LSDで走行距離はトータル45km超。いずれもアップダウン走で足を追い込んでから翌日長い距離を走り、後半に足が止まる「30kmの壁」対策をしておく。

日にち	内容	カーボンプレート	走行距離
／（月）	オフ		
／（火）	□ 60分ジョグ（キロ5分20秒）	なし	km
／（水）	□ **坂ダッシュ100～200m×10本**	なし	km
／（木）	□ 60分ジョグ（キロ5分20秒）	なし	km
／（金）	オフ		
／（土）	□ **【セット練】90分アップダウン走（キロ4分50秒）**	あり	km
／（日）	□ **【セット練】180分LSD（キロ6分40秒）**	なし	km
		合計	km
		7週間の総合計	km

＊太字はポイント練習、それ以外はつなぎ練習

サブ3

休養週

8週目

サブ3目前のランナーはアスリートのようなものだから、「休むのもトレーニングのうち」と知っているはず。練習量を落としてコンディショニングに励み、実践期のトレーニングを完遂できる状態に持っていこう。日頃からストレッチやマッサージを欠かさないタイプは多いだろうが、8週目はより入念なメンテナンスに励む。

日にち	内容	カーボンプレート	走行距離
／（月）	オフ		
／（火）	□ 60分ジョグ（キロ5分20秒）	なし	km
／（水）	オフ		
／（木）	□ 60分ジョグ（キロ5分20秒）	なし	km
／（金）	オフ		
／（土）	□ 60分ジョグ（キロ5分20秒）	あり	km
／（日）	□ 90分 LSD（キロ6分40秒）	なし	km
		合計	km
		8週間の総合計	km

＊太字はポイント練習、それ以外はつなぎ練習

サブ3

実践期

9週目

サブ3に挑む練習も佳境。水曜の坂ダッシュはスピード感覚を身体に刻む気持ちで。土日のセット練習もハイレベル。土曜のジョグ30km（距離感覚を養う意味で時間ではなく距離で設定する）で長丁場に負けないスタミナ、日曜のインターバル走（インターバル2〜3分）で自己ベストを刻むスピードと「分習法」で走力をアップさせる。

日にち	内容	カーボンプレート	走行距離
／（月）	オフ		
／（火）	□ 60分ジョグ（キロ5分20秒）	なし	km
／（水）	□ **坂ダッシュ100〜200m×10本**	なし	km
／（木）	□ 60分ジョグ（キロ5分20秒）	なし	km
／（金）	オフ		
／（土）	□ **【セット練】30kmジョグ（キロ5分20秒）**	あり	km
／（日）	□ **【セット練】** **2kmインターバル走（キロ4分05秒〜10秒）×5本**	あり	km
		合計	km
		9週間の総合計	km

＊太字はポイント練習、それ以外はつなぎ練習

サブ 3

実践期

10週目

土日のセット練習の走行距離は、トータル47kmとフルマラソン超え。20kmペース走は、事前にエントリーしておいたハーフマラソンレースに置き換えてもいい。前週の坂ダッシュの代わりに、水曜にはジョグの後にウインドスプリントをプラスしておく。筋肉に刺激を加えつつ、スピードに対する意識を高めておくのだ。

日にち	内容	カーボンプレート	走行距離
／（月）	オフ		
／（火）	□ 60分ジョグ（キロ5分20秒）	なし	km
／（水）	□ **60分ジョグ（キロ5分20秒）＋ウインドスプリント100m（キロ3分40秒）×5本**	なし	km
／（木）	□ 60分ジョグ（キロ5分20秒）	なし	km
／（金）	オフ		
／（土）	□ **【セット練】180分LSD（キロ6分40秒）**	なし	km
／（日）	□ **【セット練】20kmペース走（キロ4分30秒）**	あり	km
		合計	km
		10週間の総合計	km

＊太字はポイント練習、それ以外はつなぎ練習

サブ 3

実践期

11 週目

土曜のビルドアップ走は、日曜のウォーミングアップのつもりで余裕を持って走る。日曜の30km持久走は、マラソン練習の定番「30km」走。レースペースより遅いが、前日のビルドアップ走との合わせ技で効果を高める。土日のセット練習を着実にこなすために、平日のつなぎ練習は水曜のジョグのみに留めて英気を養う。

日にち	内容	カーボンプレート	走行距離
／（月）	オフ		
／（火）	オフ		
／（水）	□ 60分ジョグ（キロ5分20秒）	なし	km
／（木）	オフ		
／（金）	オフ		
／（土）	□ **【セット練】15kmビルドアップ走（キロ5分00秒からレースペースのキロ4分15秒まで上げる）**	あり	km
／（日）	□ **【セット練】30km持久走（キロ4分45秒）**	あり	km
		合計	km
		11週間の総合計	km

＊太字はポイント練習、それ以外はつなぎ練習

サブ3

休養週

12週目

11週の土日のセット練習はトータルの走行距離が45km。ダメージはすぐには抜けないから、休養週では足をきちんと休める。筋力ダウンを避けるために、水曜のジョグにはウインドスプリント、土曜のジョグにはレースペース走を組み合わせる。引き続き、浴槽入浴やマッサージなどのボディメンテナンスも適宜行う。

日にち	内容	カーボンプレート	走行距離
／（月）	オフ		
／（火）	オフ		
／（水）	□ 60分ジョグ（キロ5分20秒） ＋ウインドスプリント100m（キロ3分40秒）×3本	なし	km
／（木）	オフ		
／（金）	オフ		
／（土）	□ 40分ジョグ（キロ5分20秒） ＋1kmレースペース走（キロ4分15秒）	あり	km
／（日）	□ 120分LSD（キロ6分40秒）	なし	km
		合計	km
		12週間の総合計	km

＊太字はポイント練習、それ以外はつなぎ練習

サブ 3

調整期

13 週目

調整期では、カーボン入りで走る練習を増やす。土曜のビルドアップ走ではキロ4分45秒から始め、レースペースを上回る4分10秒まで上げる。日曜の120分LSDのためのブリッジ的な性格があり、できるだけ余裕のある走りをしたい。最後のLSDで"スタミナにふた"。水曜のジョグの後にウインドスプリントを入れて脚力をキープ。

日にち	内容	カーボンプレート	走行距離
／（月）	オフ		
／（火）	オフ		
／（水）	□ 60分ジョグ（キロ5分20秒）＋ウインドスプリント100m（キロ3分40秒）×3本	あり	km
／（木）	オフ		
／（金）	オフ		
／（土）	□ **【セット練】20kmビルドアップ走（キロ4分45秒からキロ4分10秒まで上げる）**	あり	km
／（日）	□ **【セット練】120分LSD（キロ6分40秒）**	なし	km
		合計	km
		13週間の総合計	km

＊太字はポイント練習、それ以外はつなぎ練習

サブ3

調整期

14週目

最終週も決められたメニューを一つひとつ淡々とこなす。もっとも大事にしたいのは、水曜の10kmビルドアップ走。前週のセット練習とレース本番をつなぐブリッジ的なニュアンスが強く、なおかつペース感覚を身体に刷り込む。土曜の2kmレースペース走で最後に刺激を入れて締めくくる。これだけやれば結果は必ずついてくる。

日にち	内容	カーボンプレート	走行距離
／（月）	オフ		
／（火）	オフ		
／（水）	□ **10kmビルドアップ走（キロ4分30秒からキロ4分00秒まで上げる）**	あり	km
／（木）	□ 40分ジョグ（キロ5分20秒）＋ウインドスプリント100m（キロ3分40秒）×3本	なし	km
／（金）	オフ		
／（土）	□ **30分ジョグ（キロ5分20秒）＋2kmレースペース走（キロ4分15秒）**	あり	km
		合計	km
		14週間の総合計	km

＊太字はポイント練習、それ以外はつなぎ練習

＼ レース本番！ ／

／（日）	マラソン	カーボンプレート あり	タイム ： ' "

COLUMN

厚底シューズでの失速を防ぐには？

想定通りに練習メニューがこなせたとしても、レース本番では思わぬ出来事が起こるもの。

なかでも厚底シューズ時代に多く見受けられるのが、レース終盤での大失速です。

前半に調子に乗って飛ばしすぎて、スタミナと筋力を消耗してしまい、後半バテて失速するというのは〝市民ランナーあるある〟。マラソンのトップ選手だってそうした失敗をしますから、何度もレースに出ているベテランランナーでも似たような経験をしたことが一度や二度はあるのではないでしょうか。

ありがちな失敗ですが、厚底シューズ時代には、レース後半の失速リスクが一層高まりました。その理由は、厚底シューズだとスピードを思った以上に気持ちよく出せてしまうためです。**前半でよりオーバーペースに陥りやすくなり、オーバーペースだと着地衝撃もそれだけ大きくなります。**

するとスタミナはまだ残っているのに、脚力がもたなくなり、せっかく培った走力を存分に発揮できないという残念な結果になりかねません。

そうした悲劇を防ぐには、日頃から厚底シューズを履いて一定ペースで走る練習を繰り返しておくこと。さらに、次ページ以降で紹介する、レース中にできる失速防止スイッチを知っておくことも有効です。

POINT

- 走りながら水泳のクロールのストロークのように、腕を後ろから前へ回す。
- できるだけ大きな円を描くように腕を回し、肩甲骨の動きを引き出す。
- 骨盤の前傾を意識し、腕の動きとシンクロさせて脚を前へ前へと出していく。

失速防止スイッチ❶

クロール

ここにスイッチ！

肩甲骨

動画をチェック！

上半身のフォームを矯正する

レース後半の失速の最大の理由は、フォームの乱れにあります。なかでも崩れやすいのは上半身の動き。肩甲骨が緊張して動きにくくなり、腕が振れなくなると脚が出なくなり、失速します。まずは肩甲骨の活性化を。

POINT

- 走りながら、いつもよりあえてひじを後ろに大きく引く。
- その反動でスキップをするように骨盤を左右交互に大きくひねる。
- 正面から見ると、膝が内側に入るくらい、ダイナミックに骨盤をひねる。

失速防止スイッチ❷

ツイスト走り

背骨と骨盤の緊張を取る

厚底シューズで着地を繰り返すと、背骨や骨盤周辺の筋肉の緊張につながります。すると身体のダイナミックなひねりが使えなくなり、ストライドが狭まってペースが徐々に落ちます。背中と腰の詰まりを取りましょう。

ここにスイッチ！

背骨、骨盤

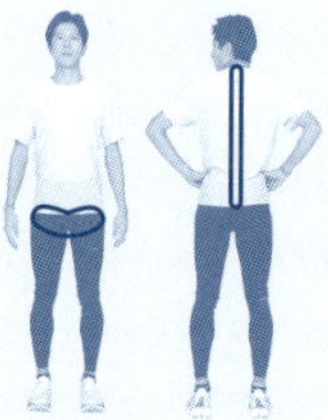

動画をチェック！

POINT

- 走りながら、バンザイをするように両ひじを高く上げる。
- 高く上げたひじを後ろに下げ、左右の肩甲骨を寄せる。
- 胸を開いて呼吸が楽に行えることを確かめる。

失速防止スイッチ❸

ひじ下げ

胸を開いて呼吸をラクにする

呼吸が荒く辛くなると肩で息をするようになり、肩に無駄な力みが生じて肩甲骨の動きが悪くなります。それが骨盤の硬さを生み、ストライドも狭くなりがち。ひじを下げて肩の力を抜くと胸が開き、呼吸も楽になります。

ここにスイッチ！

肩甲骨

動画をチェック！

失速防止スイッチ❹

胸に手を当てる

POINT

- 走りながら、
両手のひらを胸に当てる。
- 上半身の動きをあえて制限して
骨盤の動きを誘導する。
- 胸をしっかり開き、猫背に
ならないように注意して走る。

上半身を固定して下半身を修正

失速から脱する近道は、体幹ランニングで重要な骨盤の動きを蘇らせること。上半身と下半身の動きは連動していますが、あえて上半身を固定して走ることにより、骨盤への意識が高まり、その動きが引き出せるのです。

ここにスイッチ！

骨盤

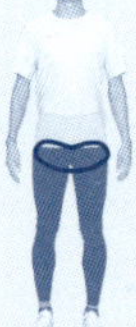

動画をチェック！

失速防止スイッチ⑤

前傾修正

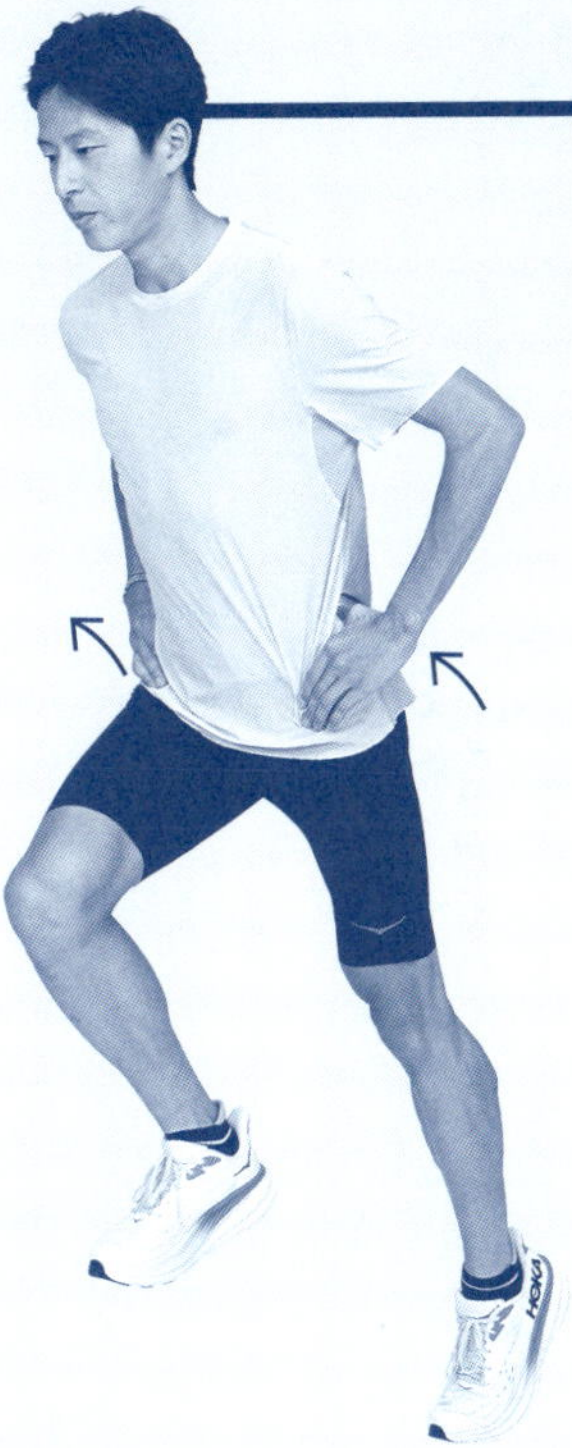

POINT

- 走りながら、両手で横から骨盤を掴む。
- 親指を後ろ、それ以外の4指を前に添える。
- 親指を支点として骨盤を前方へゆっくり傾ける。

後傾した骨盤をリセットする

骨盤前傾を保って走りたいものですが、疲れると腰が落ちて骨盤が後傾。身体の前で着地して大ブレーキになります。それに太ももの大腿四頭筋のストレスとなり、腰痛の誘因になります。あらためて骨盤を前傾させましょう。

ここにスイッチ！

骨盤

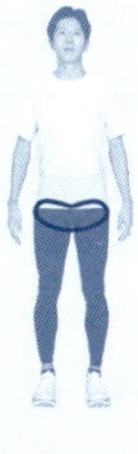

動画をチェック！

おわりに

すべてのランナーが厚底シューズを履く時代こそあらためて走りの基礎を

終わらない猛暑のなか白熱したパリオリンピックから帰国。初校のゲラに目を通しながら、日本勢が男女ともに6位に入賞したオリンピックのマラソンを振り返った。カーボンシューズが世の中に生み出されるきっかけとなり、オリンピック三連覇が期待されたエリウド・キプチョゲ（ケニア）。彼は残念ながら途中棄権となったが、男子マラソンでは、トラック種目からマラソンに転向し大成功をおさめたタミラト・トラ（エチオピア）がサミュエル・ワンジル（ケニア）のオリンピックレコードを更新し優勝した。

女子はシファン・ハッサン（オランダ）がトラック競技の2種目でメダルを獲得したあと最終日のマラソンにもチャレンジ。切れ味のあるラストスパートで金メダルに輝き、女子マラソンの歴史に偉大な足跡を残した。

むろん、日本代表選手も含めてほぼすべての選手がカーボンプレート入りの厚底ランニングシューズを履いていた。

カーボンプレート入りの厚底ランニングシューズは、トップアスリートの記録更新に革命を起こしただけでなく、いまや世界中の市民ランナーの走りや記録にも大きなインパクトを与えている。

そんな夢のような最新テクノロジーではあるが、市民ランナーがトップアスリートのように自由自在に履きこなすのはそう簡単でない。還暦を迎え筋力が衰えつつある筆者自身も、履きこなせるようになるまでは苦労が絶えなかった。

本書では、10年以上前に提唱した走りの基礎である「体幹ランニング」が厚底シューズ時代のいまこそ大切であることをあらためて伝えている。画期的な新しい技術を小手先で使いこなすのではなく、何事もまず基礎をしっかり極めることが肝要である。

最後に、本書担当編集の下井香織さん、構成の井上健二さん、そしてランニングフォームとエクササイズのモデルを快く引き受けてくれたコニカミノルタの現役ランナー宮下隼人さんに感謝を申し上げたい。

読者ランナー諸氏の記録向上とご健勝を祈って。

金 哲彦

金 哲彦（Tetsuhiko Kin）

1964年福岡県生まれ。プロ・ランニングコーチ／駅伝・マラソン解説者。早稲田大学時代は箱根駅伝で活躍し、2度の優勝に貢献。現役引退後は、リクルートの陸上競技部で小出義雄監督とともに、有森裕子、高橋尚子などの選手を育てる。現在はランニングコーチとして幅広い層を指導するとともに、陸上競技の解説者としてTV・ラジオなどでおなじみの存在。ランニング情報番組「ランスマ倶楽部」（NHK BS）に講師としてレギュラー出演。『体幹ランニング』（講談社）ほか著書多数。

厚底《あつぞこ》シューズ時代《じだい》の

新《しん》・体《たい》幹《かん》ランニング

2024年10月22日　第1刷発行

著　金《きん》 哲彦《てつひこ》

発行者　清田則子

発行所　株式会社講談社
〒112-8001　東京都文京区音羽2-12-21
販売☎03-5395-3606　業務☎03-5395-3615

編集　株式会社講談社エディトリアル
代表　堺 公江
〒112-0013　東京都文京区音羽1-17-18 護国寺SIAビル6F
☎03-5319-2171

印刷　大日本印刷株式会社

製本　加藤製本株式会社

KODANSHA

STAFF LIST

装丁・デザイン
吉田憲司＋いぬいかずと
（TSUMASAKI）

本文DTP
寺門朋代（TSUMASAKI）

写真・動画
林桂多
（講談社写真映像部）

イラスト
内山弘隆

構成
井上健二

モデル
宮下隼人
（コニカミノルタ陸上競技部）

衣装協力
HOKA
https://www.hoka.com/jp/

参考資料
読売新聞オンライン
2022年1月7日

143ｐ 21㎝　N.D.C.782　ISBN978-4-06-537121-3